〝大人になる〟は楽しい！

「夢中で遊ばせる！」

子どもの才能が見つかるたったひとつのスイッチ

リックキッズ株式会社
代表　森本潤

春陽堂書店

はじめに　遊びながら学べば子どもは天才的に〝なれる〟

・小学１年生が元素記号１１８個を１日で覚えた
・１６２個の元号（令和から平安時代まで）を２分間で言えた
・小学生が年１回の学園祭イベントで人気店を出して大金持ちになった

これらの例は、私の運営する民間学童教室「リックキッズ」の子どもたちの実例です。

初めまして、森本潤と申します。私はリックキッズを都内22校で運営しています。

冒頭の例の子どもたちは、記憶力や商売勘で天才的な能力を発揮して成功体験をしたのですが、つらい特訓やつまらない勉強を我慢したわけではなく、**遊びながら学び、短ければ1日で長くても1年で天才的に〝なった〟**のです。

本書は、リックキッズのメソッドを公開して子育てに役立ててもらうことを目的にしています。

リックキッズでは、エンタメ化を最大級に追求したオリジナルのカリキュラムを行っています。

学童教室といえば、小学校のグラウンドの隅にあった建物を思い出すかもしれませんが、それはあくまでも公設の学童で、昨今の民間学童教室は幅広く子どもの才能を伸ばすことにフォーカスしています。リックキッズもその例に漏れません。

ロボットプログラミング、化学実験、英語、スポーツ、学園祭、夏休みのキャンプ、お仕事体験、ナンバー1選手権などをリックキッズオリジナルのカリキュラムで子どもたちが驚異的な成長を遂げるのを目の当たりにしてきました。

頭の回転や集中力や記憶力が上がり、自然と「よりうまくやる方法」を見つけて創造力や問題解決力が急速に育っていったのです。

なぜ、このようなことが実現できるのか？

結論は、「学びと遊びを一致させるアプローチ」を行っているからです。

詳しくは本文でお伝えしますが、**学習行動やスポーツのトレーニングなどの広義の意味での「勉強＝学び」は、「遊び」の要素をミックスすることで子どもたちの感情を揺さぶる「楽しいもの」となります。**

人間は楽しいものに対しては、高いモチベーションで取り組みます。

勉強がつまらないものではなくなる、スポーツの反復練習がつらいものではなくなるためには、学びと遊びを一致させるアプローチが必要であり、「遊び」をふんだんに取り入れた、リックキッズオリジナルのカリキュラムを行っているのです。

本書は次のような構成で、子どもの才能を開花させる方法をお伝えしていきます。

第1章は「学びと遊びの関係性」について。

第2章は「子どもの才能を開花させる方法論」について。

第3章は「民間学童教室が行っているきっかけづくり」について。

第4章は「子どもの可能性を閉じる大人の言動」について。

第5章は「学童教室の必要性とその選び方」について。
第6章は「子どもと向き合うときの大人の在り方」について。

働き方が多様化している今の時代は、必ずしもこれまでのように「エリートになること」が成功への道、あるいは幸せへの道とは限りません。好きなことに没頭した結果、独自の専門分野を確立して有名人になることもできます。

楽しく遊ぶなかで子どもの脳からは、ドーパミンがどんどん放出されます。すると「やらされ感」ではなく「やりたい感」で行動し、時間を忘れて作業に没頭します。

その結果、スキルの習得スピードが上がり、才能が開花して「好きなことで楽しく成功できる人生」を送ることができるのです。

時代を生き抜くためには、テストの点を取ることよりも積極性や粘り強さ、リーダーシップやモチベーションの高さなどの「数値化しにくい能力（＝非認知能力）」が大切だといわれています。

そのような能力を備え、物事を楽しく変換して生きていける子どもたちの育て方をお伝えしたいと思います。

本書があなたの子育ての一助になれば、これに勝る喜びはありません。

もくじ

第1章 「学び」と「遊び」には関係があった!

第2章 才能を開花させるＡＱメソッド

第3章 子どもの可能性を広げる学童教室の「きっかけづくり」

第4章

子どもの可能性の扉を閉ざすアプローチとは？

第5章
「公設」か「民間」か？　学童教室の選び方

第6章

可能性に満ちた未来を子どもたちに届けるために

第1章

「学び」と「遊び」には関係があった！

勉強は本来「面白い」もの

内閣府の『第4回 非行原因に関する総合的研究調査』（２０１０年）によると、「学校の授業（勉強）のおもしろさ」について「だいたいおもしろい（おもしろかった）」、「半々」、「だいたいつまらない（つまらなかった）」で調査したところ、小学生の約6割（56・7％）が「半々」と回答しました。

「おもしろい」という回答が約3割（31・7％）、「つまらない」という回答が約1割（10・9％）だったことから見ても、基本的には全肯定で学校の授業（勉強）を「おもしろい」と感じている子は多くないことがわかります。

また、言語由来辞典には「勉強」という言葉は次のように説明されています。

《勉強は「勉《つと》め強いる」と書くように、本来は気が進まないことを仕方なくする意味の言葉であった。》

つまり、勉強はあまり面白くない、できれば進んでやりたくないもの。だけど、しなければいけないもの――というニュアンスが現代社会では多分に含まれているとわかります。

そして、このニュアンスは必然的に私たち親世代にも当たり前に刷り込まれているものではないでしょうか？

この本を読んでいるあなたは、恐らく小学生もしくは小学生以下の子どもを持つ子育て世代の親でしょう。

ということは、きっと私と同世代もしくはそれ以下の年代になります。小学生だった時代は20、30年近く前に終わり、今では働きながら子育てをする日々を送っているはずです。

思いどおりにいかない子育てに悪戦苦闘をしているかもしれませんが、本書で「どのように子育てを行っていけばいいのか」ということを知ってもらう前に、まずご自身のことを振り返ってもらいたいのです。

小学生時代もしくはそれより前の幼稚園、保育園に通っていた頃、あなたはどんな気持ちで勉強をしていましたか？

その勉強を「面白い」と思いましたか？

もしもこの質問に「ＹＥＳ！」と自信をもって答えられるのであればいいかもしれません。

冒頭の調査のように「半々だな」「つまらなかった」、もしくは「面白くなかった」と記憶がよみがえるのであれば、もう少し読みすすめてもらいたいと思います。

勉強が実は「面白い」とか「面白くない」というものではなく、それとは別のところに勉強を面白くなくしてしまっている理由がわかるからです。

「勉強しなさい」は先回りでモチベーションをつぶす言葉

さて、学校の勉強自体を「面白くない」と思っていた親世代が大人になって子どもに勉強をさせるとき、どのようなアプローチになるでしょうか？

「子どもにとっても勉強は面白くないはず」という前提に立って「嫌々でも今のうちに勉強しておきなさい。後悔するよ」と言ってしまいます。


勉強は〝面白くなくても、しなければいけないもの〟であって、学生期間を終えて社会に出てからも大変なことやしんどいことはたくさんある。大人にはそれを乗り越えてお金を稼ぎ家族を養う必要がある。

そんな日々が何十年後かの未来に待っている子どもたちに対して、心配だからこそ「勉強しなさい」と言ってしまうのです。

確かに、人間の脳の構造から見ても若いうちに勉強しておくことは大事です。脳は生まれてから6歳くらいまでに記憶や理解、思考、情操をつかさどる前頭前野が現れます。その頃から自分で物事を考えて判断して行動をする熟成が始まります。そして、20歳を超える頃に脳の機能はほぼ完成するといわれています（前頭連合野は未成熟）。ですから、生まれてから大学を卒業する頃までにたくさんの勉強をしておくことは必要だと私も思います。

しかし、その勉強を子どもがどう感じるかは別の話です。「面白い」と考えるか「面白くない」と考えるかは、勉強の内容そのものの話ではなく「どのようなアプローチで勉強を行うか」という話になってきます。

「勉強をしなさい」と言われた瞬間、子どものなかで「やりたいこと」から「やらなければいけないこと＝義務」に変化します。

そして、義務を課されると人間は途端にそれをつらいことやしんどいこと、押しつけられたことだと感じてしまいます。

ここでご自身のことを振り返ってもらいたいのですが、例えば仕事をしていて10分後に報告書を書こうと思っていた矢先に上司から「報告書を上げてくれ」と言われました。あなたはどう感じますか？

もしくはテレビドラマを見終わったら晩ごはんの支度をしようと思っていたのに「そろそろ晩ごはん作ってよ」と言われたら、どんな気持ちになるでしょうか？

きっと「これからやるつもりだったのに」と思うでしょう。

これはいってみれば、モチベーションを先回りでつぶされたようなものです。

そして、**モチベーションがつぶされた瞬間に義務になってしまいます。**

これと同じことを、親は子どもに言っているかもしれません。

もちろん、子どもの将来のことを考えた上での愛情ある発言であることはわかります。勉強を今しておかないとあとで困る。自分たちがその経験者だから言っているのだと思います。

でも、そのアプローチが、そのひと言が子どものなかに義務を植えつけます。

義務は子どもにとっても面白くありません。

私は親御さんから「言わないと子どもが勉強しないんです」と相談されますが、私からすると「言うからしないんですよ」と思うのです。

まるで禅問答のようですが、**大切なのは子どもに義務を与えるのではなく、勉強したい気持ちになるように仕向けるアプローチを親である大人側が行うべきです。**

最低限やらなければいけない反復練習が存在する現実

ここまで読んで、

「いやいや、それでも面白くない勉強は存在するよ。漢字の書き取りとか、計算を繰り返したりとか、歴史上の出来事の年代を覚えたりとか、英単語を覚えたりとか」と考えたかもしれません。

確かに反復練習が必要な勉強はあります。

まさに先に挙げたものは、繰り返すことで覚えるものだと思います。例えば、九九であれば「２×２＝４《ニニンガシ》、２×３＝６《ニサンガロク》」と何度も声に出したり、歴史であれば「７９４《ナクヨ》ウグイス平安京」などと語呂合わせにして覚えたりということは必要でしょう。

勉強以外にスポーツでも、野球であればバットの素振りを毎日何百回もやったりする、サッカーであればシュート練習、バスケットボールであればドリブルの練習などを繰り返し行わなければいけません。

では、勉強とスポーツを比べてみてください。
ひたすら計算プリントを何枚も何枚も繰り返させる、漢字の書き取りを何回も反復練習させることと、バットの素振りやシュート練習を比べてみると、イメージするだけでもやっている子ども側のモチベーションが違うと思いませんか？

野球やサッカーなどのスポーツは、そもそも子ども側が「やりたい」と考えているもので、バットの素振りやシュート練習はうまくなるために当然必要です。

そして、やればやるほど自分がうまくなっていると実感できて反復練習が嫌にならない――もしくは、うまくなるために進んでやるものです。

一方で勉強は簡単にはいきません。

その違いは子どもが「楽しいもの」と考えているか、「楽しくないもの」と考えているかの違いだけです。

野球が嫌いな子にバットの素振りをさせても血豆ができて筋肉痛になるだけです。

勉強が嫌いな子にドリルをやらせても数ページでやめて、お金と時間がムダになるだけです。

しかし、どちらの場合でも進んでやる子も存在します。

その違いは何でしょうか？

私の考えでは大人側のアプローチだと思います。

この本を読んでいる親世代が小学生だった頃、学校の授業（勉強）が面白くなかったために勉強を「つまらないもの」と思い込んでしまい、その結果、**大人の頭のなかには「勉強は苦痛である（でも、しなきゃいけないもの）」という前提条件が刷り込まれてしまっている**のです。

そして、その原因は授業を面白くないものにした前の世代の人たちのアプローチです。結局は「面白くない授業の無限ループ」によって、

●勉強が面白くなかった
（過去の経験）

⬇

●勉強は面白くないもの
（経験による断定）

⬇

●面白くないけど
しなきゃいけない勉強をさせる
（勉強の義務化）

⬇

●勉強は面白くない
（次の世代の現実→「過去の経験」
になる）

という構図ができ上がってしまっているのです。

私は、このループ構造を変えていきたいと思っています。

必要なのは「学び」と「遊び」を一致させるアプローチ

では、勉強が面白いものと考える子どもたちを育むために、大人側が考えなければいけないアプローチとは何か？

それは「学び」と「遊び」を一致させるアプローチです。

私はこれを「学習をエンタメ化する」と呼んでいます。

この場合の「学習」は単に国語・社会・数学・理科・英語の学習カリキュラムだけを指しません。

体育でも音楽でも理科実験でも図画工作（技術系、芸術系も含む）でも同じです。

その科目に対して「面白い」と感じる子と「面白くない」と感じる子がいるわけですから、すべての科目を「勉強」として考えます。

それらの**外から見たら「勉強」に見えるものすべてにエンタメ要素を加えることが**

重要なのです。

そしてエンタメ化とは、エンターテインメントという言葉自体が「人々を楽しませる娯楽」を意味します。つまり**「エンタメ化＝子どもがエキサイティングするもの（子どものテンションを上げるもの）」にしていくこと**です。

基本的な学習は「面白い」ものである必要があります。

面白くないと学んだ内容が頭のなかに入りませんし、心が躍るような状況で勉強をしないと子どもたちの興味や関心や「学びたい」というモチベーションを喚起することもできません。

興味を持てない状況では何をやってもつまらないものです。

それは子どもでも大人でも関係ありません。

仕事でも楽しい仕事は積極的になり、やらされ仕事は消極的になるのと同じで、子どもの学習にもエンタメ要素を付加し、学びと遊びを一致させるアプローチを大人側が工夫していかないといけないのです。

これが私の基本思想です。

●大手有名予備校と学校の授業は何が違ったのか？

ここで私の学生時代の話をします。

今から25年以上前になりますが、公立高校を卒業した私は大学受験のために、１回の授業で２００人くらいの生徒が押し寄せる大手有名予備校に通っていました。

そこで感じたのは、学校の授業と予備校の授業の大きな違いです。

例えば同じ60分の「英語」の授業であっても、高校ではとにかくテキストどおりにリーディングや単語やライティングなどの内容を教えるだけでした。

一方で予備校では最初の30分間は、「大学生になると、こんなことが待っている」「今、勉強しておくことで将来はこういうふうになれる」といったような勉強に対する動機づけを行う時間でした。

生徒をやる気にさせる状態で、後半の30分で60分の授業内容を効率よく教えていったのです。

実際に授業を受けていた私は、予備校の授業のほうが引きつけられましたし、勉強しようという気にもなりましたし、何より授業がわかりやすく楽しかったのです。

教え方にエンタメ性や生徒をやる気にさせるアプローチを加えることで、教えている内容自体は変わらないのに受講する側のモチベーションや勉強に対する興味が大きく変わる好体験だったと今でも思っています。

幼少期のうちに「面白変換機能」を育んでおく

私は学習をエンタメ化するアプローチは早いうちに、できれば幼少期の頃からやっておくべきだと思います。

なぜなら、それによって「面白《オモシロ》変換機能」が脳のなかに育まれるからです。

面白変換機能というのは平たく言えば「物事を面白いことに変換する脳内機能」のことです。

私は大阪市で生まれ育ちました。大阪は江戸時代には「天下の台所」と呼ばれる物流・商業の中心地でしたが、現在は「お笑いの街」として有名です。

吉本興業の本店・大阪本部や吉本新喜劇の劇場でもあるＮＧＫ（なんばグランド花月）があったり、吉本興業と並んで上方演芸界の２大プロダクションである松竹芸能の本社もあります。

大阪（あるいは関西圏）の子どもたちは、生まれたときから笑いの文化を産湯として育ち、ボケとツッコミが会話の基本になります。

毎週、日曜になると吉本新喜劇をテレビで見て、他にもお笑い番組を基本教養としてインストールされ、小学生になるとイケメンやスポーツ万能な生徒よりも「面白いかどうか」が人気者（モテる生徒）の基準になります。

逆に、ひとたびオチのない話をしようものなら「こいつは面白くないやつ」とレッテルを貼られてしまうこともあります。

関西圏に住むすべての子どもがそうだとは言いませんし、こういう環境で育ったから有利だと言うつもりはありませんが、おかげさまで私なんかは何かの物事が起きたときに、それを「どうしたら面白みを見いだせるか」と脳内で自動的に働きます。

そして、**面白変換機能があるおかげで人生を楽しめている**と思っています。

面白変換機能を育むためには、やはり幼少期からの体験が必要です。

外部刺激によって脳が育つ幼少期にどれだけテンションの上がる体験や、ドーパミンがあふれてくるような体験をしているかがポイントになっています。

このような体験を私は「脳みそがワクワクする体験」と呼んでいます。

脳みそがワクワクする体験を子どもの頃にたくさん経験して物事は考え方ひとつで面白くもつまらなくもなることがわかっていると、大人になってからでも物事にモチベーション高く取り組み、フットワーク軽く進んでいけます。

言ってみれば生きるモチベーションになるわけです。

そういったことをできるだけ早いうちから大人側がアプローチを変えることで、子どもの脳に育んでいくのです。

「面白くない仕事」は存在しない。「面白くない仕事の仕方」があるだけ

逆に言えば、面白変換機能が育まれないまま大人になってしまうと、その子たちは日々に楽しさを見いだせない人生を送ってしまいかねません。

大学を卒業するまでは学校、卒業して社会人になってからは仕事が私たちの「日常」であり「人生」になると思います。

大人の多くを見ていると、日々の仕事に対して楽しさを見いだせていない人は少なくありません。

「仕事が面白くない」
「人生がつまらない」
「生きることに充実を見いだせない」

言い方はさまざまですが、大手企業勤務でも中小企業勤務でもこのように考えて転

職をしたり、転職をしないまでも日々の生活をモチベーション低く過ごしている人はたくさんいるでしょう。

しかし、私からすればそれは本人の責任です。

仕事がつまらないのは「仕事そのもの」がつまらないのではなく「面白くない仕事の仕方」をしているだけです。

私は前職ではコンサルティング会社でバリバリの営業職をしていました。ほとんどの人にとっては営業職といえばお客さんから断られ続けるつらい仕事、とにかく体力勝負で足を使わないといけない、しんどい仕事のイメージがあるかもしれません。

しかし、私にとってはまるでゲームを攻略している感覚の毎日でした。

どうしたら目の前のお客さんが私の提案に興味を持ってもらえるかを考えたり、どうしたら何度も私と会いたくなるかを考えたりするのが楽しかったですし、商談の末に成果が出たらうれしかったです。

それによって会社も喜んでいましたし、お客さんも笑顔になってくれていました。

「これでお金をもらえるんだから、こんな楽しい仕事は他にないんじゃないか」とさえ思っていました。

ここまで書くとわかると思いますが、営業という「業務」に色はありません。

営業のために電話をひたすらかける、新規営業で1日に何十社も飛び込む、商談のための資料や見積もりを作成する、いざ商談の場で相手から「ＹＥＳ」をもらう……これらの業務は誰が行う場合でも同じです。

個々の業務に対して自分のなかに面白変換機能があるかどうかでアプローチが変わり、ゲームになるか苦行になるかが決まります。ゲームになれば「楽しいこと」としてモチベーション高く毎日を送れる仕事になります。

大人と同様に子どもにも生きるモチベーションがあります。

そして**大人がすべきなのは、彼らが大人になったときに何事も楽しい状態に持っていけるように子どもの頃からのアプローチを工夫すること**です。

大人になって仕事を始めると、そこには人間関係のしがらみやお金の問題など、子どもの頃には小さかった問題が大きなウエイトを占めてくるようになります。

つまらないと思っている仕事であっても「生活のためにやらざるを得ない（続けざるを得ない）」「家族のために辞められない」といった自分の個人的感情を超えたことのためにがんばらなければいけなくなります。

もしそのときに面白変換機能があればいいですが、育まれていない状態では必然的に毎日が苦行になる可能性がありますし、最悪の場合はうつ病などの精神疾患になりかねません。

そうならないためにも、物事を楽しめる脳を早いうちから育んでおくことが重要なのです。

物事の「エンタメ性のある見せ方」「エンタメ性のない見せ方」

学びと遊びを一致させるアプローチは見せ方も重要です。

ここで私の運営しているリックキッズの話をします。

リックキッズでは年に1回、リックタウンという学園祭的なイベントを行っています。

詳しくは第3章で解説しますが、子どもたちに将来ビジョンを描いてもらい、自分が将来なりたい職業や仕事の楽しさを体験してもらう一大イベントです。

このように書くと、

「なるほど、要するに『職業体験』させるんですね」

と思う人もいると思います。

学園祭的イベントとして「リックタウン」と名づけるか「職業体験会」と名づける

かによって行動は同じでもニュアンスが変わります。

他にも夏休みの宿題で「読書感想文」がありますが、これも面白くない宿題のひとつだったのではないでしょうか？

読書感想文全国コンクール公式サイト『青少年読書感想文全国コンクール』によると、コンクールの趣旨は次のようにあります（ママ引用）。

◇子どもや若者が本に親しむ機会をつくり、読書の楽しさ、すばらしさを体験させ、読書の習慣化を図る。

◇より深く読書し、読書の感動を文章に表現することをとおして、豊かな人間性や考える力を育む。更に、自分の考えを正しい日本語で表現する力を養う。

読書感想文そのものもそれに準《なぞら》えているとは思いますが、せっかく素晴らしい主旨で行っているにもかかわらず見せ方が悪いだけで途端に面白くなさそうになるのはとてもったいないことだと私は思います。

課題図書も決められていますから、自分の興味もない本を無理やり読まされ、その感想を書かされるのだとすると、子どもはモチベーション高く取り組むことができないでしょう。

読書の習慣化や豊かな人間性や考える力を育むことが目的であれば、何も課題図書を決めたりしなくても他にいくらでもコンテンツはあります。

それこそ私の世代であれば、漫画『ドラゴンボール』でもいいでしょう。現代であれば少し前の大ヒット映画『劇場版「鬼滅の刃」無限列車編』でもいいはずです。

鬼滅の刃では「炎柱」の煉獄杏寿郎はその命を賭して鬼と戦い、竈門炭治郎たちを守りましたが、仮に「あのときの煉獄さんの気持ちを考える」という課題があったとしたら、きっと子どもたちはワクワクしながら取り組み、自分なりの感想文を書いてくると思います。

同じことや同じ課題をさせる場合であっても、結局はその見せ方をどうするかで「見え方」が変わります。

そこには「エンタメ性」が必要で、見せ方にエンタメ性があるかないかによって、面白いか面白くないかが決まってくるのです。

「好き」「得意」「稼げる」を合致させる

本章では「学び」と「遊び」の関係について、さまざまな角度でお伝えしてきましたが、結局は子どもを育てるために必要なのは、大人側がアプローチの工夫を考えることです。

子どもには学習カリキュラムを自分で考える力はまだなく、やりたいことをひたすらにやりますが、そこにあるのは「やりたい」という感情がメインだからです。国語や算数、理科などの教科に関しては大人が適切なボールを投げないといけません。

そのためには、そもそもの観点として「勉強がつまらないもの」という前提概念を大人が払拭する必要があります。

大人が「勉強はつまらない」と思っていては、子どもに勉強の楽しさを教えることはできませんし、エンタメ性のある見せ方もできません。

本章でその考え方を取り払ってもらいたいと思っています。

その上で第2章からアプローチ方法として考え方などをお伝えしていきますが、**最終的には子どもにとっての「好きなこと」「得意なこと」「稼げること」の3つを合致させることが重要**です。

社会に出るまでの間にこの3つがマッチすることを見いだしておいたほうが、その後に豊かな人生を送れる確率が上がるからです。

特に大事なのは「稼げる」です。

人生を好きなことだけで生きていこうとしても、それでは稼げないこともあって難しいからです。「稼げる＝報酬を得られる」という視点が必要で、そのためには物事を面白くできる能力が必要になってきます。

それがないと「稼げるけど、面白くない仕事」を延々とやり続けることになり、子どもに悲しい人生を強いることになるでしょう。

仮に稼げるけど好きなことでなくても、物事を楽しくする能力が備わっていれば人生を自分で楽しくしていくことができます。そのような人間に育てるためにも早いうちからそうなれるようなアプローチが必要です。

第２章からその辺りについて、順番に説明をしていきますので、まずは工夫次第で「学び」と「遊び」を一致させることをインストールしておいてもらえればと思います。

第2章

才能を開花させる AQメソッド

「学び」を「遊び」に変えるＡＱメソッドとは？

第1章で「学びと遊びを一致させるアプローチが必要だ」とお伝えしました。そのために必要なのがエンタメ性を持たせる。これにより同じ学習行動であってもエンタメ性の有無によって面白いか面白くないかが決まります。

例えば、学校の勉強には漢字の書き取りや歴史の年号、元素記号、英単語を覚える「暗記」の授業があります。

暗記をするときに、机に向かってカリカリとプリントを書いて覚えるアプローチもありますが、これでは単に「覚えましょう」だけのアプローチで面白くありません。子どもにとって勉強は楽しいものではなくなります。

しかし、ここに「一番早く書き取れた人を表彰します」などの要素を入れるだけで

学習行動は途端にゲーム性を帯びます。

あくまでも一例ですが、このような子どもの感情の揺さぶりをいかにイベントとして企画し勉強のなかに取り入れていくかの考え方が大事です。

それぞれの学習行動のなかにゲーム性を持たせると勉強は「遊び」に変わります。遊びに変わると子どもは「勉強を楽しいもの」だと認識し、自ら進んで興味のある勉強に取り組むようになってくれます。

このようなアプローチを私は「ＡＱメソッド」と呼んでいます。

世間には知能指数を意味する「ＩＱ（Intelligence Quotient）」や心の知能指数を意味する「ＥＱ（Emotional Intelligence Quotient）」がありますが、私はここに新しい概念である遊び能力指数「ＡＱ」を提唱したいと思っています。

ＡＱのＡには「Asobi（遊び）」「Amusement（面白さ・楽しみ）」「Ability（能力）」の３つの意味が込められています。

子どものＡＱを高め、大人になっても物事を面白くしていく能力を身につけさせること——それがＡＱメソッドなのです。

ＡＱメソッドの「楽しい」が子どもの才能を開花させる

ＡＱメソッドで子どもの「遊び能力指数」を高めていくと、自然と子どもは本人が持っている才能を開花させられます。

才能を開花させるとは、「自分の得意分野と好きなことを合致させること」です。才能を開花させて夢中の領域をつくり、最終的に寝食を忘れて夢中になれる状態に持っていきます。

ただし、そのためにはある程度の手数を打たないといけません。子どもにとって「何」が好きかはわからないからです。習得のために学びの要素＝学習・勉強しなければいけないケースも出てきます。

しかし、第1章でもお伝えしたとおり勉強はつまらないものとして考えられていま す。つまり、興味を引かないものです。

そこでAQメソッドを使うのですが、これを考えるときにキーワードになるのが「楽しい」です。日本語の「楽しい」には喜怒哀楽だけではない、さまざまな意味が含まれます。楽しい状態にするためには感情の揺さぶりが大事で、題材は何でも構いません。

勉強の暗記や計算でもスポーツの反復練習でも、結局はその行動が楽しいかどうかで子どものモチベーションは変わりますし、得られる成果も変わります。**子どもの勉強への興味を引くためには広義の意味での「楽しい」が必要**なのです。

だからエンタメ要素を加えていく必要があるのですが、その際にまず考えるべきなのは人間が「楽しい」や「面白い」と感じる要素は何かということです。

答えは人間の五感を刺激し、感情を揺さぶる要素です。

これが学校での学習や勉強にはありません。どうしても淡々と進んでしまいます。

逆に映画や漫画、テーマパーク、スポーツ観戦などでイメージするとわかりやすいですが、どれも人間の五感を刺激し感情を揺さぶっています。

ですから、勉強にも「かわいい」「きれい」「気持ち悪い」「悲しい」「びっくり」「ハラハラ」「悔しい」などの感情を揺さぶるエンタメ要素を混ぜていくべきです。そうしないと学習や勉強はいつまでたっても平べったいままなのです。

ワールドカップ2022に学ぶ「楽しい」とは？

「楽しい」の一例として、２０２２年11月21日から約1カ月間開催されていた「ＦＩＦＡワールドカップカタール２０２２」で考えてみましょう。

そもそも4年に一度の開催という緊張感がありますが、この大会で日本は1次リーググループＥにて強豪のスペイン、ドイツ、コスタリカと対戦することになりました。
私はこの試合のなかには、たくさんの感情を揺さぶる要素があったと思います。

ドイツ戦では日本は前半8分、前田選手がゴールネットを揺らしましたがオフサイドの判定。逆にドイツにペナルティーキックでゴールを決められて1点ビハインドの状態で後半を迎えました。

ドイツは、ワールドカップで4回も優勝したことのある世界のトップチームのひとつです。明らかに格下の日本には勝ち目はなかったかもしれません。

しかし、格上の相手に誰もが「逆転してくれ」と思っていた後半30分、堂安選手が同点のゴールを決め、後半38分、浅野選手がゴールポストギリギリにボールをねじ込み逆転しました。

ドイツに勝利したことで、日本の決勝リーグ進出の可能性が飛躍的に上がり、日本中が森保ジャパンをたたえました。

しかし2戦目。コスタリカ戦では「きっと勝てるだろう」という空気もあったのか0対0のまま進んだ後半36分に失点を許し、負けてしまいました。日本中に「まさか！」の声が広がりました。

この流れに日本中のファンたちは、絶望的な気分でスペイン戦を迎えることになりました。ただでさえ格上のスペインが相手です。スペインはドイツと同様にワールドカップ優勝経験のある8チームのうちのひとつです。

前半、失点した日本はビハインド状態のまま後半を迎えました。しかし後半3分、堂安選手がペナルティーエリアの外側からロングシュートを決めて同点、さらに後半8分、三笘選手がギリギリでつないだパスを田中選手が押し込む形で逆転しました。結果、日本は1位で決勝リーグへと進出しました。

三笘選手のゴールラインギリギリの折り返しを、VAR（ビデオ・アシスタント・レフェリー）が画像を確認して「イン」と判定。このパスは「三笘の1ミリ」や「1ミリの軌跡」として、日本だけでなく世界中でその判定に注目が集まりました。

いかがですか？　私が今お伝えしたカタール大会の描写はあくまでも試合のハイライトですが、読んだだけでも感情が揺さぶられませんでしたか？

そこにはさまざまな「感動」がありました。

先制点を許してしまったときのショックや、ビハインド状態で後半を迎えたときのハラハラや、同点・逆転ゴールを決めたときの驚きや歓喜、逆に試合に負けてしまったときの絶望などです。

だからこそカタール大会の1次リーグは〝楽しかった〟です。

人間が「楽しい」や「面白い」と感じる裏側には、感情の揺さぶりが必要です。

サッカー以外でも、例えば東京ディズニーランドの絶叫系アトラクションにはドキドキやワクワク、「怖い」といった感情の揺さぶりがあります。光と音楽で彩るナイトパレードには装飾のきれいさや音楽のかわいさがありますし、曲を聴くだけでテンションが上がったりします。

現在、ヒットしているテレビアニメ『ＳＰＹ×ＦＡＭＩＬＹ』も同じです。

ヒロインのアーニャがかわいかったり、ヨルの殺しのシーンが残酷だったり、ロイドのスパイ活動がカッコよかったり、さらに学園シーンでは恋愛要素やギャグもあってとにかく見ている間中、感情を右へ左へと揺さぶられます。

このような感情を大きく揺さぶる要素を入れていくことで、つまらないと思われている勉強も楽しいものになっていくのです。

楽しいことであれば子どもは自然と集中する

私がなぜここまで「楽しい」にこだわるのか。才能を開花させるという意味合いもありますが、そもそも人間は楽しいことには勝手に自走し、自然と集中力が上がる生き物だからです。

私の同年代の友人が先日、ゲーム『ポケットモンスター』シリーズの最新作を購入しました。彼は私と同じ40代ですが、寝食を忘れてプレーをしたそうです。誰かから「やれ」と強制されたわけではありませんし、仕事も持っている人間ですが、それでも夢中になったそうです。

「楽しい」にこだわる理由はそれだけではありません。

大人であっても子どもであっても楽しいことに夢中になっている状態は、集中力が高まっている状態でもあります。

ゲームでも映画でもスポーツ観戦でも、エンタメ要素のあるものは感情の起伏や達成感があるので飽きないため、集中力が持続するのです。

私は2022年12月に公開された映画『THE FIRST SLAM DUNK』を夢中になって鑑賞しました。2時間を超える内容でしたが飽きることなく、トイレにも行かず、スマートフォンに目をやることもなく、じっと座って1本の映画を見ました。

このように考えると、**「楽しい」と思える要素にゲームや映画のようなエンターテインメント作品にしかないように感じられますが、そうではありません。むしろ題材は関係がない**と私は考えます。

なぜなら、ゲームや映画、スポーツ観戦だけにエンタメ要素があるわけではないからです。例えばポケモンのようなゲームはいわゆる「お使いゲーム」です。

A地点からアイテムBを手に入れるためにC地点に向かい、手に入れたアイテムBを使って扉を開けてD地点に向かう——これはひとつのお使いです。それにもかかわらずお使いが楽しく思えるのは、そこにエンタメ要素があるからです。

これを子どもの勉強に置き換えると、お使いはドリルを延々とやることと変わりません。異なるのはそこにエンタメ要素がないだけです。

例えば『うんこドリル』シリーズのようなエンタメ要素を詰め込んだドリルであれば、子どもは楽しくて進んでやると思います。

実際に『うんこドリル』シリーズにはうんこ先生、うんこいぬ、うんこねこなどの愉快なキャラクターがいて、累計1000万部（2023年1月時点）の日本一楽しいドリルシリーズとして大ヒットしています。

それだけ子どもの興味を引き、支持された好例だといえます。

子どもの「楽しい」を醸成する10の感情の揺さぶり

では、学びと遊びを一致させるために揺さぶるべき子どもの感情とは何か？
具体的には次の10個の感情を揺さぶります。

・うれしい
・やった！（達成感）
・カッコいい
・カワイイ（きれい）
・どうして？（驚き、不思議）
・ドキドキ
・ハラハラ
・怖い

・気持ち悪い
・悔しい

これらの感情は一つ一つを動かすのではなく複数を同時に動かすことができます。「うれしい」という感情とともに「やった！」という達成感があったり、「どうして？」と考えるなかに不思議さや現象に対する驚きの感情を想起させます。

揺さぶる感情について10個を挙げましたが、あくまでも一例です。

他にも、「悲しい」など別の感情もありますし、それらが揺さぶる感情と複合的に絡み合ってくることもあります。

●家庭でできる子どもの感情を揺さぶる暗記系イベント

さて、これらの感情を揺さぶるための方法論として、いくつかのイベントをお伝えします。リックキッズで実際に行っているイベント企画から、家庭でも実践可能なものを選びましたので参考にしてもらえればと思います。

紹介するイベントは、単に感情を揺さぶるだけでなく学びにつながっています。学校の勉強でやらなくてはいけないことや子どもの想像力を刺激したり、実際に手を動かして作業をするような側面から将来の仕事や職業選びにも影響してきます。


【歴代総理大臣を全部言えるか選手権】

日本の総理大臣の初代から現在の１０１代までを順番に覚えていくイベントです。伊藤博文から始まって岸田文雄までをフルネームで言います。

１８８５（明治18）年に初代の伊藤博文が任命されてから１０１代までで64人の総理大臣がいます。なかには、吉田茂や中曽根康弘、小泉純一郎、安倍晋三のように第２次・第３次と複数回にわたって組閣を行った総理大臣もたくさんいます。その場合は「第２次でも別の１人」と数えますので、同じ名前が複数回出てくることになります（１人を一度でまとめない）。

インターネットで検索すると、内閣総理大臣一覧が出てきます。「歴代」「氏名（よみ）」「在職期間」と顔写真を並べた資料を作成し、初代・伊藤博文から発表してもらいます。

【年号を全部言えるか選手権】

日本の年号（元号）、大化から始まり令和まで２４８（諸説あり）の年号（元号）を覚えていくイベントです。

歴代総理大臣と同様、インターネットで検索すると、日本の年号（元号）一覧が出てきます。「年号（元号）」「時代（江戸時代など）」「よみ」「西暦」などがわかりますので一覧表をプリントアウトし、令和からさかのぼって発表してもらいます。

【地図記号を全部言えるか選手権】

地図記号をすべて覚えるイベントです。地図記号が何の施設を示しているかを答えてもらいます。

歴代総理大臣や年号と同様に、インターネット検索で地図記号の一覧が出てきます。

おすすめのやり方としては、白紙のカードの表面に地図記号を描き、裏面に施設名を書いてひっくり返せば問題と答えを表示できるようにしておきます。そして地図記号の描いてある面を見せて答えてもらいます。

他にも暗記系でいえば、元素記号を覚えるのもイベントの企画としてあります。これらの暗記系は歴史や地理などの「社会科」の科目として小学校の授業で出るものですので勉強の助けになり、中学受験を考える場合でも有利に働きます。これらのツールの作成が面倒であれば、リックキッズで使用しているテキストをQRコードからダウンロードできます（奥付参照）。

●暗記系のイベントでやるべき施策と効果

暗記系のイベントを行う際には、次の施策ポイントがあります。

・時間を区切る（タイムアタック要素）
・達成水準を明確にする
・競争させる
・達成時の報酬を用意する

例えば、総理大臣を101代まで覚えること自体は、子どもにとってそれほど難しいものではありません。リックキッズの子どもたちも100個くらいなら簡単に覚えてしまいます。

ですから時間を区切ることで「制限時間」を設け、そのなかでどれだけ速く間違えずに言えるかを競わせています。

他にも「1分間で100個まで言おう」「2分間で200個まで言おう」「3分間ですべて言おう」などのように制限時間内での達成水準を明確にし、何をすればゴールなのかを子どもにわからせてあげてください。

競争をする場合は、きょうだいがいれば競争相手になりますし、可能であれば親が競争相手になってあげてください。難しいようであればタイムアタック要素が「時間」という競争相手になります。

そして、目標を達成できたときには何かしらの報酬を用意してあげます。**報酬といってもお金（賞金）や商品ではなく、がんばった子をヒーローにしてあげるような「称賛」の意味合いでの報酬にすることがポイント**です。手作りの表彰状やトロフィー、家族全員で拍手するなどで達成を祝ってあげてください。

イベント企画例では社会科の内容でお伝えしましたが、社会科以外に国語や英単語の暗記でも使えます。

百人一首を覚えたり、学校の授業で出る漢字や英単語を暗記単語カードで覚える場合でも、施策ポイントを織り交ぜていくことでエンタメ性を出せるからです。

これらのイベントや施策を行うことで、子どものなかには「うれしい（覚えられた、達成した喜び）」「やった！（チャレンジをクリアできたことへの達成感）」「（時間制限があることへの）ドキドキ」「（間違えずに言えるかどうかの）ハラハラ」「（ミスをしてしまったことへの）悔しい」といった感情を醸成することができます。

●キッチンでできる子どもの感情を揺さぶる調理系イベント

冷蔵庫の中に入っているものや１００円ショップ、Ａｍａｚｏｎで簡単に手に入るもので実験を行い、子どもの感情を揺さぶります。


【サバの解剖でアニサキス幼虫を発見する実験】

サバの解剖実験です。リックキッズでは月1回の科学実験で「海に棲む危険生物アニサキスの観察」のテーマで行っています。

生のサバ丸ごと1尾とブラックライトを用意します。アニサキス幼虫が寄生している魚介類を食べることで食中毒の原因になります。アニサキス幼虫が実際に潜んでいるところを観察するのです（解剖は親が行う）。

アニサキス幼虫はサバ以外にもアジ、サンマ、カツオ、イワシ、サケ、イカなどの魚介類に寄生しています。

内臓にブラックライトを当てると細長いアニサキス幼虫の姿が浮かび上がります。

子どものなかでは「怖い」「気持ち悪い」「何これ？」などの感情が生まれ、なかには「ちょっと触ってみたい」などの冒険心も湧くでしょう。

さらに「これを食べたらどうなるの？」という疑問も湧くかもしれません。その場合は食中毒になることを教えてあげればいいですが、すると今度は「食中毒とはどういうものか？」という新しい興味を想起させます。

【ルミノール試験キットでの実験】

血液反応液キットを使ってのルミノール試験の実験です。

ルミノール試験は、殺人事件の現場などで血液のあとを調べるために行われる調査方法で、溶液を吹きかけると血液痕（ヘモグロビン）がルミノール反応を起こして青く光ります。血液反応液キットはこれを理科実験用にアレンジしたもので、説明書に従って行うと自動的にルミノール試験ができます。

この実験はテレビドラマ『科捜研の女』の科学捜査研究員になった気分にさせてくれます。「カッコいい」「どうして青く光るの？」などの感情や興味を醸成します。

【冷蔵庫の中に入っている材料を使って行うさまざまな化学実験】

ノンホモ牛乳（乳脂肪中の脂肪球を小さく均一にする処理がされていない牛乳）を〝冷やしては振って〟を繰り返して作る自家製バター実験。

牛乳と少量のヨーグルトを使って作る自家製ヨーグルト実験。

牛乳とフルーチェ（粉）を混ぜて作るフルーチェ実験。

卵と油と酢を混ぜ合わせて作る自家製マヨネーズ実験

があります。これらはどれもスーパーで手に入る食材や、冷蔵庫の中に入っている材料でできる化学実験です。レシピもインターネットで簡単に調べられます。一緒に作ることで「すごい！」「どうしてこうなるの？」「何が起こってるの？　不思議」などの子どもの感情を揺さぶることができます。さらに一緒に食べると「おいしい！」の感情も引き出すことができます。

●調理系イベントにはちょっとした科学の知識を織り交ぜる

調理系のイベントは、他にもメントスコーラ（コーラにメントスを入れる遊び）実験でも代用可能です。ＹｏｕＴｕｂｅの初期に流行った動画なので動画検索をして実際に行ってみるのもいいでしょう。

調理系イベントには必ず何かしらの化学反応が起きています。

牛乳でフルーチェができるのは、フルーチェのなかの食物繊維と牛乳のカルシウムが結びつくからです。メントスコーラが起こるのは、水分子の表面張力が低下しコーラのなかの二酸化炭素が泡になって一気に外に出ようとするからです。

これらの科学的知識もインターネット検索で出てきますので、事前に調べた上で子どもに教えてあげるといいでしょう。

ただし、小学校１年生くらいであれば、カルシウムのことなどはわからないと思います。そのような場合は「どうしてこんなことが起きるんだろうね?」と親が問いかけるだけでも構いません。

大切なのは正しい知識を与えることではなく、子どもが学びに興味を持ち自分から進んで勉強しようとすることだからです。

●親子でさまざまな経験ができる体験系イベント

裁縫や絵画などの家庭科や美術の科目ともリンクしています。

【フェルトやビーズを使ったモノづくり体験】

リックキッズには手芸クラブがあり、毎月のテーマを決めてアクセサリーやポシェットづくりを行っています。これをそのまま家庭でも導入できます。

親側が決めたテーマになぞらえたものを作るのですが、例えば「食べ物」がテーマであれば、オムライスのポシェットづくりなどを行います。

黄色（卵）と赤（ケチャップ）のフェルトをフェルト用接着剤で貼り合わせ、肩かけひもをつけます。針を使う必要がなく安全にポシェットが完成します。

他にも、テーマを「春夏秋冬」にするなら春は桜、夏は花火、秋は紅葉、冬は雪の結晶やクリスマスツリーなど、いろいろなポシェットを考えられるでしょう。

ビーズのアクセサリーを作る場合は、事前に画用紙に色鉛筆やクレヨンでどんなアクセサリーを作るかを子どもに描いてもらいます。１００円ショップなどでビーズを買ってきて家で作れば完成です。「かわいい」「きれい」などの感情を揺さぶるだけでなく、モノづくりを小さい頃から体験させられます。

●体験系イベントはＳＮＳ活用で派生させられる

体験系イベントは「作って終わり」ではなく、ＳＮＳを活用するとさらに子どもの感情を揺さぶることができます。

例えば、フェルトのポシェットやビーズのブレスレットをＩｎｓｔａｇｒａｍや

ＴｉｋＴｏｋなどのＳＮＳにアップするのです。「娘が作りました」と投稿すれば「いいね！」がつくこともあり、作ったものが他者に評価された体験として記憶されますし、「うれしい」という感情も醸成します。

あるいはメルカリのようなフリマアプリを使って販売するのもいいでしょう。実際に売れなくても構いません。収益が目的ではなく自分の作ったものが「売り物」になるという体験が重要だからです。

仮に**売れたとしたらちょっとしたお小遣いになりますし、「価値を提供できた体験」になりますし、達成感や売る経験ができたことにもなります。**

●「悔しい」の感情もエンタメ要素のひとつになる

暗記系、調理系、体験系と家庭でも実践できるイベント企画を紹介しましたが、すべて「うまくいった」前提での感情の揺さぶりをお伝えしてきました。

しかし、イベントでは逆に「うまくいかないこと」もあります。

暗記を間違えた、途中で詰まってタイムを伸ばせなかった、思った実験結果が出なかった、イメージしていたデザインとは別のものができてしまった……内容はさまざまですが、このときに**子どものなかで起こる「悔しい」や「悲しい」の感情もまたエンタメ要素**です。


なぜなら、次のチャレンジの足がかりになるからです。

人間の成長はまっすぐではなく紆《う》余《よ》曲折するものです。成功もあれば失敗もあり、どちらも経験して人は成長します。

ですから**「失敗は次のステップへの足がかり」と考えて、次はうまくできるようにもう一度チャレンジしたり、努力をするモチベーションになる**のです。

いろいろなボールを投げるのは個々で興味の対象が違うから

お伝えしてきたイベント企画は、リックキッズで行っている数々のイベント企画の一部にすぎません。リックキッズでは毎日何かしらのイベントを行い、子どもたちの感情を揺さぶる取り組みを行っています。

私はこれを「いろいろなボールを投げる」と呼んでいます。

なぜ、そこまでボールを投げる必要があるのか？

それは子どもそれぞれに「面白い／面白くない」があり「得意／不得意」があるからです。

前述の「年号を全部言えるか選手権」でも現実には8割の子は興味を持ちません。

つまり8割の子には「年号のボール」は合わなかったことになります。

しかし、その子たちはもしかしたら「化学実験のボール」は受け取るかもしれません。同じ化学実験でもフルーチェ実験なら興味を示し、ルミノール試験の実験では興味を示さないかもしれません。

個々の子どもが何に興味を示し、何が得意で何を楽しいと感じて才能が開花するかを見極めるためにもたくさんのボールを投げることが必要なのです。

それができるのはリックキッズが「民間学童」の立場だからだともいえます。

例えば、英会話教室やスイミングスクールのような小学校にプラスアルファで通うタイプの場所ではありません。その分だけ〝色〟がついていないので、学校の延長線上としていろいろなことをさせられるのです。

●好奇心のボールを投げる側の心得とは？

本書を読んでいるあなたは、子どもを持つ親の立場だと思います。ですから、私たちのように何十、何百というボールは投げられないかもしれません。

しかし、それでも心得として持っておいてもらいたいことがあります。

それは**「子どもは何にでも興味を持つわけではない」**ということです。

年号のボールを投げてもダメなら終わりにするのではなく、次は総理大臣のボールを投げてみる。それがダメなら、百人一首のボールを投げてみるなどの工夫が必要です。


人材育成の鉄則に「響く人2割」があります。研修やセミナーを実施しても響くのは参加者の2割で、8割は興味を示さない法則です。

同じように、子どもに1つのボールを投げても響くのは2割です。私たちはその2割にどれだけ響かせられるかが大事だと考えていますが、同時に8割には別のボールを投げて「新たな2割」を生み出すことを考えています。

あなたも**子どもに1つのボールを投げて興味を示さなかった場合は、「この子には別のボールを投げよう」と頭を切り替えるようにしてください。**

きっと、あなたの子どもだけのボールが見つかるはずです。

『情熱大陸』に出演するような子を育てる

第2章では「子どもの才能を開花させる」をテーマに、学びを遊びに変えるＡＱメソッドについてお伝えしてきました。「楽しい」が子どもの才能を開花させ、そのためには感情を揺さぶるアプローチを数多く行うことが必要になります。

その結果、親は子どもをどういう大人にしてあげられるのか？

私は**「その道の第一人者」にしてあげることが答えのひとつ**だと思っています。

ＮＨＫの『プロフェッショナル 仕事の流儀』やＴＢＳの『情熱大陸』を見ていると、どの出演者もその道のプロとして、第一人者として自身のジャンルへののめり込み方がすごいです。

きっと彼らは自分の関わるジャンルが小さな頃から大好きで、どこかの時点で自分の得意なこと、好きなこと、稼げることが一致した結果としてテレビ出演を果たしたのでしょう。

しかし、今の日本の教育システムはその可能性をつぶしています。

学習指導要領に基づいたカリキュラムを毎年同じように教えるやり方で、子どもの興味を喚起しないことを延々と押しつけている、あるいは興味のボールを投げずにエンタメ性に欠けるやり方を行っています。

学習の内容自体はよいと思います。基礎教育として必要ですが、アプローチの仕方が面白くないのです。だから、子どもは興味が湧かないのです。

アプローチの仕方を間違えたことによって、本来ならば『情熱大陸』に出られたかもしれない子どもの可能性がつぶされるのはもったいないことです。逆に言えば、前述の番組に出られる人たちは、そのなかでも夢中になれたひと握りの存在なのだと感じます。

しかし、今の時点で大人側がアプローチを変えれば、その道の第一人者として将来

『プロフェッショナル』や『情熱大陸』に出演できる大人を今のうちから育てることもできるはずです。

私はAQメソッドを通して、そのような子どもたちを今以上に増やしていきたいと考えています。もしもあなたがここまで読んで同じように感じるのであれば、今すぐアプローチを変えるチャレンジを行ってみてください。

第3章

子どもの可能性を広げる学童教室の「きっかけづくり」

夢実現力を育む学園祭イベント

第2章で子どもの感情を揺さぶるアプローチとして家庭でもできる方法をお伝えしましたが、リックキッズでは他にも月ごとのイベントや季節ごとのイベントをほぼ毎日のように行い、かつ集大成として年1回の大イベントを行っています。子どもたちによる子どもたちのための壮大な遊びイベント「リックタウン」です。

リックタウンは子どもの感情を揺さぶり、将来ビジョンや夢を実現していく力を育むためのイベントです。

大人のサポートはあるものの子どもたちは自らの意思で将来ビジョンを明確にし、やりたいことを2カ月の準備期間をかけてチャレンジしますので、取り組みとしては第2章でお伝えしたものの組織的な拡大版（学園祭的イベント）と考えてもらっても構いません。

リックタウンでは、当日は小学校1年生から6年生までの子どもたち約８００人がイベントのアトラクションとして出演します。

クッキーやコーヒーなどを販売する飲食店、自作のアクセサリーなどを販売する物販店、マジックや楽器演奏、歌・ダンスを披露するアーティスト系、ミニサッカーができるスポーツエリアなど、さまざまです。

保護者家族や親族など合わせて約３０００人が来場することもあって東京ビッグサイトやＴＲＣイベントホール、産業貿易センター催事会場など広い会場を使って１日（12時から16時まで）イベントを行っています。

そもそものきっかけは、リックキッズ内に6つある月次イベントに組み込まれている「未来を語ろうプロジェクト」の企画です。

未来を語ろうプロジェクトのなかでは、例えば絵を描くのが好きな子どもがいたら、関連する仕事や働き方、生き方として世の中にどんなものがあるかを1年間かけて子どもたちに考えてもらい、知ってもらいます。

そして、実際に「働く人」になりきって1日体験をしてもらい、お客さんに提供するチャレンジの場として一大イベントに進化したのがリックタウンです。
リックキッズの理念「子どもたちが自分の将来ビジョンや夢をかなえる・実現していく力を育む」のもと、やりたいことにチャレンジする場を子どもたちに用意し、努力次第で夢がかなえられることを経験させる場なのです。

●リックタウンで催される各種イベント企画

リックタウンでは、子どもたちによってさまざまな出し物が提供されます。

【飲食店：スイーツ系】
クッキー屋さん、カップケーキ屋さん、ワッフル屋さん、ロールケーキ屋さん、スイートポテト屋さん、マフィン屋さん、ドーナツ屋さん、パンケーキ屋さん、パフェ屋さん、チョコレート屋さん、だんご屋さん、どら焼き屋さん

【飲食店：ドリンク系】
コーヒー屋さん、ジュース屋さん、タピオカ系ジュース屋さん

【飲食店：氷菓子系】
アイスクリーム屋さん、かき氷屋さん

【飲食店：ベーカリー系】
菓子パン屋さん、ハンバーガー屋さん、ホットドッグ屋さん、サンドイッチ屋さん、アップルパイ屋さん、メロンパン屋さん

【飲食店：おかず系】
たこ焼き屋さん、カレー屋さん、唐揚げ（フライドチキン）屋さん、焼き鳥屋さん、寿司屋さん、おにぎり屋さん、ホットサンド屋さん、フランクフルト屋さん、お弁

当屋さん、チャーハン屋さん、ワンプレートランチ屋さん、ピザ屋さん

【飲食店：麺系】
ラーメン屋さん、スパゲティ屋さん

【飲食店：その他】
綿あめ屋さん、ポップコーン屋さん、糸引きあめ屋さん、ポテチ屋さん

【アーティスト系】
ピアノ、バイオリン、ドラム、歌手、アイドル、バレエ、ダンス、マジック

【スポーツ系】
野球、サッカー、卓球、ラグビー、バレーボール、バスケットボール、スケートボード、テニス、マラソン、柔道

一口に「飲食店」や「アーティスト系」といっても多岐にわたります。

８００人が出演するので、ケーキ屋さんの子どもも1人ではなかったり、ピアノ演奏だけでも何人もの子どもがそれぞれ曲を演奏するので、当日の会場はかなりのにぎわいを見せます。

また、ここに挙げたもの以外にも科学者や漁師、プログラマー、アナウンサー、警察官（パトロール）、電車の運転士などの子どもたちが将来ビジョンとして描く仕事を体験させるための仕掛けを行っています。

「売る」は「買う」より10倍楽しい

リックタウンは子どもの夢を形にする1日イベントですが、そこには子どもたちが「自分の好きなことを行い、関わる人に喜んでもらい、報酬を得る」という実体験に喜びや楽しさを感じてもらう目的もあります。

実際に販売しているケーキやコーヒー、アクセサリーなどは、入り口で交換できる疑似通貨「ＬＩＣ」を使って購入ができます。

自分の作ったスイーツやアクセサリーを買ってもらう、ピアニストやマジシャンであればステージのチケットを買ってもらう、電車の運転士であれば紙で作った電車に乗せて運賃をもらう、スポーツ選手であれば試合に勝って賞金を得るなど、**報酬を得ることで働くことへの喜びや、やりがいを感じられるようにしている**のです。

この考え方は私の原体験に起因しているかもしれません。

前職で営業マンだったことはお伝えしましたが、それよりも前の大学生時代に私はフリーマーケットに出店したことがあります。

１９９０年代以降には若者やファミリー向けのイベントとしてフリーマーケットが開催され、東京では、明治公園や代々木公園、大井競馬場、秋葉原などで行われる大規模なものがありました。今ではフリマアプリのメルカリで売り買いができます。

大学在学中だった私は、フリーマーケットに洋服などを出品し、段ボール３箱ほどを売って数万円を売り上げました。

大学生にはまとまった金額でうれしかったですが、何より自分のセールストークや接客によってモノが売れる体験がすごく楽しくて「もっと早くこの体験をしておきたかった」と思ったものです。

私たちは普段「買う」行動ばかりをしています。消費行動です。

しかし、何かを消費する体験はいつか飽きるものです。

逆に**「売る」行動は何年でもできます。**

売る行動は、飲食店や物販で何かのモノを売るだけではありません。ダンスや楽器演奏、マジックなどのパフォーマンス＝見せる行動も価値を提供する意味合いにおいて「売る」の範囲だと私は考えます。

クリエイティブなこと＝モノを作ることも同じです。

リックタウンのなかには、プログラミングが好きで将来はプログラマーやゲームクリエイターになりたい子がいますが、彼らは自分が作ったゲームを１回１００ＬＩＣでプレイしてもらうことで報酬を得ます。

他にも研究職を目指す子どもには、使い切りカイロを手作りしてもらいます。仕組みは単純なので子どもでも作れますし、リックタウンは１月に開催するので寒い冬のニーズにも合っていて、それらの行動も自分のクリエイティブを売る行為といえます。

そして、それらの売る行動のほうが「楽しい」と感じる感情レベルは高く、私個人の感覚では買うことの10倍は楽しいと思っています。この感覚を子どもたちに伝えたいのです。

実際に大人になると私たちは仕事において売ることがメインになります。

営業マンは自社商品をお客さんに買ってもらいますし、技術職や企画職は売れる商品を考えなければいけません。広義の意味においてアーティストたちは集客を求められますし、研究職のような直接外には出ない仕事でも何かの価値を提供する対価としてお金をもらえます。

このように考えていくと結局は社会に出て売ることをしなければいけないわけですから、子どものうちから売ること（価値提供して対価をもらうこと）を体験させておいたほうがいいと考えているのです。

4時間の学園祭で見られる子どもたちの悲喜こもごも

リックタウンでの子どもたちを見ていると、その準備段階から完結まで興味深い行動原理を見ることができます。

4時間という制約があるため、売ることを考えると圧倒的に有利なのが「飲食店」です。子どもたちのなかには、やりたいことよりも優先して戦略的に売れやすいジャンルを選ぶ子もいます。

売ることよりも、自分のやりたいことを優先して公務員や看護師などのソーシャルワーカー系、アナウンサーなどのマスメディア系などをやりたがる子もいます。

アナウンサーであれば時間を取って迷子や落とし物、ステージのスケジュールをアナウンスさせたりします。

公務員（警察官）になりたい子には、制服を着て会場内をパトロールしてもらい、迷子がいたら声をかけたり、保護者を探してもらうことをスタッフが同伴して行います。

どのパターンであっても、私たちは口を出さないようにしています。

本来のコンセプトに則するならば、戦略的に売ることを選ぶのは子どもの「やりたい」から外れるように思えますが、実社会を考えると「やりたいことより稼げることで仕事をしている人」はたくさんいます。ですから、子どもの世界であっても大人が口出しすべきではないと考えているのです。

人の成長は紆《う》余《よ》曲折するものなので、仮に研究職をしたい子がお金が稼げるからという理由で飲食店をしたとして「意外と飲食は楽しいかも」と発見することも考えられますし、逆に「やっぱり自分は研究をしたい」と考えることもあります。

子どもの紆余曲折を大人側が許容してあげているのです。

●延々とやる子、すぐに投げ出す子もいる

リックタウンには、もともとのモチベーションが高くない子もいます。

疑似通貨「ＬＩＣ」を稼いだ子は、それを他のところに遊びに行って使えますが、その際は「休憩中」の看板を店前に出しておくルールがあります。

しかし、飽きやすい子はスタートして30分もしないうち（まだ稼いでもいないうち）から休憩中の看板を出してどこかへ行ってしまいます。

逆にハマる子はずっとコーヒーやポップコーンを売って、延々と疑似通貨「ＬＩＣ」を稼ぎます（使うことをほとんどしない）。

他にも、一生懸命販売しても売れない子もいますし、お客さんが全然見にきてくれないこともあります。練習ではうまくできたパフォーマンスを本番で失敗してしまう子もいます。

このようなことも、私は別に構わないと思っています。

露骨な言い方をすれば、リックタウンは「遊び」だからです。うまくいっても失敗してもサボっても熱中しても何かしらの感情を得られたり、ちょっと傷つくくらいで大きな損失にはなりません。

実社会で失敗をしたら何百万、何千万円という損失になることもあります。たった1回のミスで何年もかけた努力が水の泡になることもあります。人生をかけた10年間がただの遠回りでしかなくなることもあります。

そんな悲喜こもごもの成功体験・失敗体験をほとんどノーリスクに遊びの延長線上で体験できるのがリックタウンだからです。

●涙が出るほどうれしい体験をさせる

リックタウンには、イベントを通して子どもたちには将来に役立つ何かしらの感情体験や出来事の経験をしてもらいたい意図があります。

リックタウンは年１回のイベントですが、その２カ月前からスタッフ総出で子どもたちのサポートを行い、準備をさせます。例えばアクセサリーデザイン（販売）をしたい子がいたら自分でデザインをさせ、材料を発注して50個から１００個を作って看板も値段も自分で設定させます。スタッフ（大人たち）はそのサポートをします。

１人のスタッフが（拠点によりますが）40人から50人の子どもたちを担当して準備をマネジメントするので、当日よりも準備のほうが圧倒的に長く大変です。

しかし、それでもリックタウンを毎年開催するのはチームとしてひとつの大きなものをつくり上げていく体験を大事にしているからです。

実際にリックタウンには悲喜こもごもあって、子どもたちは何かしらの涙を流す体験をしますが、それは大人側も同じです。

ひとつの大きなイベントやプロジェクトをつくり上げるチャレンジとして、**子どもたちはもちろんのこと、大人たちにも「涙が出るほどうれしい体験」をしてもらいた**いと思っているのです。

「楽しくて面白い」に「ためになる要素」を足した夏休みイベント

リックタウン以外にもリックキッズには多数のイベント企画があります。夏休みのイベント（サマーイベント）だけでも70種類、キャンプや宿泊イベントだけでも10種類ほどがあります。

リックキッズは民間学童教室の性質上、子どもを預ける親は共働きをしています。夏休みなどの長期休暇期間になると小学校の授業がありませんから、子どもたちは必然的に昼間の時間がフリーになります。しかし親は仕事に行きますのでその時間帯をどこかに預けたいニーズがあります。

公設の学童であれば、長期休暇期間中の小学校のグラウンドを開放して学童教室が預かったりします。しかしリックキッズのような民間学童の場合は単に預かるだけでなく、長期休暇期間中でも、子どもたちの学びと遊びを一致させるアプローチを行っているわけです。

一部ではありますが紹介をすると、

【宿泊イベント】
アウトドアキャンプ、海の生き物調査、虫キャンプ、いなか生活体験、宇宙キャンプ、ワンちゃんお仕事体験ツアー

【おでかけイベント】
フィールドアスレチック、国立科学博物館めぐり、ボルダリングチャレンジ、ドッジボール大会、ミニ四駆レース大会、水鉄砲大会（ウォーターサバゲー）

【特別講座イベント（好きなものを見つける）】
ミニ四駆づくり、鉄棒マスター、ピタゴラスイッチづくり、カラフルカップケーキづくり、カラフルTシャツづくり、謎解きゲーム大会、ロボットプログラミングチャ

レンジ、外科医体験、なりきり職人（パン、寿司）、夏祭りなどがあります。

１回のキャンプやイベントに50人から１００人の子どもたちが集まり、バスを借りて目的地まで移動することを何回転もします。リックキッズには22（拠点）がありますので、夏休みの間中ほぼ毎日何かしらのイベントをすることになります。

また、これらのイベントは単に夏休みの思い出づくりのためだけに行っているのではありません。

私たちの考え方のベースには「楽しくて面白い」がありますが、いかにしてそこに「ためになる要素（学びの要素）」をプラスアルファできるかが大事だと考えています。

子どもたちの将来のことを考えていろいろなことに興味を持ってもらいたい。しかし、子どもが何に興味を持つかはわからない。だからたくさんのボールを投げる。そこにはきちんと学びの要素があって、子どもたちの将来につながっている付加価値があるのです。

子どもたちの「チャレンジへのハードル」を下げる

リックタウンやサマーイベントの他にも、リックキッズでは毎日のお預かりや毎月のイベントで子どもたちに学びと遊びを一致させるボールを投げています。

これは子どもたちの興味を探る目的以外にも「チャレンジへのハードルを下げる」ためでもあります。

ほとんどの物事は、実行してみたら大したことがないと私は考えています。

バンジージャンプやスカイダイビングでも同じですが、飛ぶ前は怖くて仕方がないですが実際に飛ぶとすぐに慣れて気持ちよく（楽しく）なるものです。子どもも大人も関係ありません。

しかし、多くの大人は新しいことにチャレンジするのを恐れてしまいがちです。「失敗したらどうしよう」「うまくいかないと恥ずかしい」「そもそもチャレンジが面倒」

と考えてしまいます。

　これはチャレンジへのハードルが高くなっている状態です。

大人になって物事にチャレンジするためには、そもそものチャレンジへのハードルが低い状態のほうがいいと私は考えます。

チャレンジへのハードルを下げるための方法論は2つです。

「チャレンジ自体へのハードルを下げる」か**「チャレンジへの回数を増やす」**です。

　そして、早いうちからチャレンジに慣れているといろいろなことにチャレンジできる大人に育ちます。ですから、そのようなアプローチを行っているのです。

　実際にサマーイベントのなかでも、宿泊系のイベントは子どもたちにとって大きなチャレンジへのひとつになります。特に小学校1年生は生まれて初めて親と離れて寝る体験をします。

　他にも、キャンプをするのであれば普段は親がやってくれる遊びの準備や食事の支度、片づけなどをすべて自分たちでやらなければいけません。

これらはすべて子どもたちにとって「チャレンジ」であり勇気のいる「冒険」です。

しかし、こういった体験を通して子どもたちのなかに「自分にはできることがある」という意識が生まれたり、「自分はひとつの冒険をした（ハードルを越えた）」という経験値を積み上げることができます。

この積み重ねがチャレンジへのハードルを下げることにつながり、将来的に物事にチャレンジできる大人を育むのだと考えています。

子どもの「体験機会」を与える

第３章では、第２章から派生してリックキッズの取り組みをお伝えしました。

ここまで読んでみて、

「こんなことは家ではまねできないよ」

と考えたかもしれませんが、それはそれで構わないと思います。もしもできることがあるのであれば、取り入れるのでも構いません。

重要なのは、いかにして子どもたちの「体験機会」を大人が与えられるかです。

自動車免許の世界には「限定解除」の概念があります。

「限定条件がつけられている免許」を「限定条件のない免許」に変更するための審査のことで、例えばＡＴ限定の自動車免許しか持っていない人でも、技能講習を受講して審査に合格すればマニュアル車を運転できるようになります。

私たちが行っていることは、これに近いことかもしれません。

そもそも**子どもの趣味や価値観などは、親の影響を強く受ける**ものです。

アウトドアやスキー、旅行が趣味の親が小さな頃から頻繁に子どもを連れ出していれば、アウトドアやスキー、旅行が好きな子どもが育ちます。

親が音楽好きで、家で音楽を流していれば、その影響で音楽好きな子どもに育つこともあります。

他にも、野球が好きでよく野球観戦に連れ出したり、ドライブが好きで休みの日には家族でドライブに行ったり、映画のＤＶＤがコレクションされていて、いつでも見られるような家だったりしたら、それぞれの親の趣味に寄った興味を子どもは持つでしょう。

これを逆に考えれば、**親のアンテナの範囲に限定した体験しか子どもはできない（他の体験の機会が極端に少ない）**ことになります。

もちろん、アウトドアや楽器などのアンテナは親の趣味もありますが、家庭的なできる／できないの事情もあると思います。共働き家庭であれば特にそれは顕著になってくるかもしれません。

だからこそ私たちのような役割があるのだとも思います。

親の趣味の範囲や方向性の影響で、子どもの可能性が限定されてしまう環境下でも、いろいろな体験をさせて限定解除できるのが民間学童です。

限定解除のアプローチを取ることで、子どもたちの可能性を広げられます。

私たちはあくまでもきっかけの提供をしているにすぎませんが、そもそもきっかけを提供しにくい社会（あるいは限定的な社会）では価値があると思っています。

それによって子どもたちの10年後、20年後の未来にどんな仕事に就くか、どんな趣味や好きなことをするか、もしかしたらそれで稼げるかなど「子どもの未来をつくる場所」だと考えているのです。

大人側の考え方ひとつで学習はエンタメ化できる

リックキッズの取り組みは、民間学童だからできる部分も多分にありますが、だからといって家庭でできないかと言われたらそうでもありません。

大事なのは大人側が考え方を変え、子どもの感情を揺さぶるための仕掛けを年齢に合わせて調整していけば可能になるからです。

例えば、小学校の国語の授業といえば新《にい》美《み》南吉《なんきち》の『ごんぎつね』です。

子どもの情操教育に役立つ物語として定番ですが、ここにちょっとしたスパイスを加えるだけで途端にエンタメ化できます。

『ごんぎつね』のあらすじは次のようなものです。

《山中に「ごんぎつね」というキツネがいた。独りぼっちだけどいたずら好きで、畑を荒らしたり、つるしてある唐辛子をむしり取ったりしていた。

ある日、川で魚を捕っている兵十を見つけたごんぎつねは、兵十が捕まえた魚を籠から逃がすいたずらをする。

10日ほどたって兵十の母親が死んだことを知ったごんぎつねは、自分のいたずらを後悔する。そして山で採れた栗やキノコをこっそり兵十の家に届け始める。

ある日、いつものように栗を届けに行ったごんぎつねだったが、それに気づいた兵十によって火縄銃で撃たれてしまう。

兵十は土間に置かれた栗を見て驚く。

「ごん、おまえだったのか。いつも栗をくれたのは」

ごんぎつねはぐったりしたままうなずく。兵十は火縄銃をばたりと落とす。》

この物語のなかに、冒頭に音楽を流したり、キツネの鳴き声を入れたり、川のせせらぎの音を入れたり、火縄銃の発砲音を入れるだけでも十分にエンタメ化できます。

大切なのは大人側があくまでも「きっかけづくり」をする立場でいることです。

子どもの年齢によって刺激の強さ加減は必要かもしれませんが、少なくともこの考え方で大人が仕掛けをすることで、民間学童でなくても子どもの感情を揺さぶることは可能なのです。

第4章

子どもの可能性の扉を閉ざすアプローチとは？

人間の成長には「揺らぎ」が存在する

学びと遊びを一致させることを目的に、子どもの感情を揺さぶるアプローチを行うとき、親側のよかれと思っての言葉がけやアプローチが子どもの可能性を閉ざしてしまうこともあります。

これまでお伝えした内容を実践するときに逆効果にならないよう、〝転ばぬ先の杖〟的に本章の内容を知っておいてもらいたいと思います。

大前提として人間自体の「成長」についての考え方です。

私は人間の成長には「揺らぎ」が存在すると思っています。できなかったことができるようになる、わからなかったことがわかるようになるなど、人間はゼロまたはマイナスの状態からプラスの状態になることで「成長した」と判断されます。

しかし、そのためには反復練習や成功体験と失敗体験の繰り返しが必要です。

わかりやすい例として、赤ちゃんが初めて立つようになるときのことを考えてみましょう。

ハイハイをしていた赤ちゃんが、モノにつかまりながら立ち上がろうとします。たった1回で成功はしません。何度も転びながらチャレンジをして、ようやく立ち上がるものです。

「寝ている→寝返り→お座り→ハイハイ→つかまり立ち→伝い歩き→ひとり立ち→ひとり歩き→走る」

0歳から2歳くらいまでの一連の成長過程だけを見ると、右肩上がりに伸びているように見えますが、それはあくまでもマクロな視点での話で、ミクロな視点で見ていくと必ず成功と失敗が存在します。

折れ線グラフで表すなら、線は波のように上下にゆらゆらと揺れながら右肩上がりになっていくわけです。

大人は子どもの成長の「揺らぎ」を許容しなければいけません。

大人にとっては簡単なことでも、初めて取り組む子どもにとっては困難なことが多々あります。親という漢字が「木（の上）に立って見る」と書くように、親は子どもの成長を促すのではなく見守る必要があるのです。

人間の成長

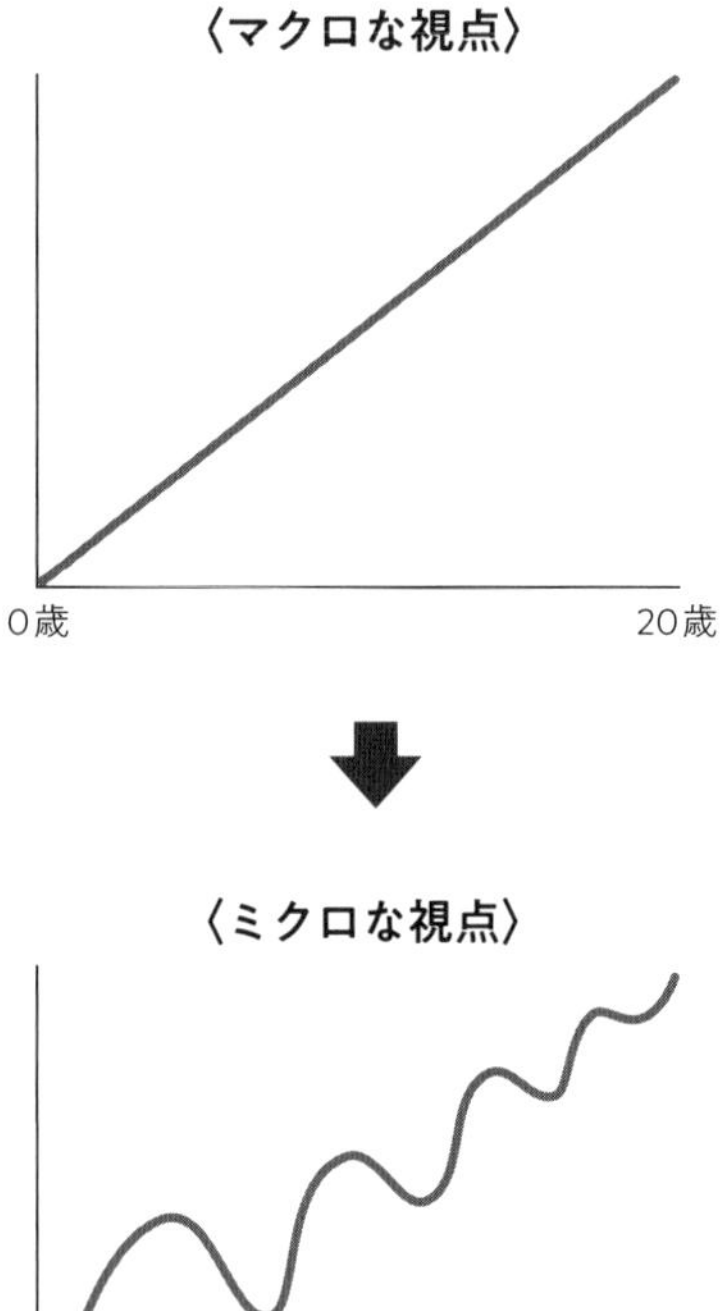

子どもに「失敗」をさせているのは大人側だった？

人間の成長に揺らぎがあることを前提にすると「失敗」も失敗ではなくなります。

そもそも「失敗」を定義するなら、私は「あきらめたときや辞めたときに失敗が確定する」としています。漫画『SLAM DUNK』で有名なセリフに湘北高校バスケットボール部安西監督の「あきらめたらそこで試合終了だよ」がありますが、まさにそれです。


子どもが何かを始めたときに、うまくいかなくても構いません。

リックタウンでカップケーキやアクセサリーが売れなかったり、ピアノ演奏で練習ではしなかったミスをしてしまったり、サッカーの試合で負けてしまうこともひとつの貴重な経験です。決して「失敗」ではありません。

そこでもしも終えてしまえば失敗かもしれませんが、やり続けることや新しい何かにチャレンジすることは「できる」になるまでのプロセスです。

再び、赤ちゃんの例でイメージしてみましょう。

赤ちゃんが立ち上がるときには1回ではうまくいきません。

もしも親がそこで「一度でも立てなければ失敗」と見なして継続や再チャレンジをさせなかったとしたら、赤ちゃんは一生立つことはできないでしょう。

しかし、実際はそんなことにはなりません。「がんばれ、がんばれ。もう少しだ」と応援をして、立てたら「やったー!」と称賛するでしょう。

興味深いのは「失敗はできるようになるまでのプロセス」の考え方が、赤ちゃんの頃は許されるのに、幼稚園や小学生くらいになると急に許されなくなることです。

計算プリントをさせる場合でも、間違えを修正して反復練習を続けることで100回中99回は正解する「できる」の状態になりますが、1回目の間違いで失敗と見なされてしまいます。

結果、大人が子どもに失敗をさせている事態になります。

恐らくそこには大人側の感覚があると私は考えます。

自立した人間とは明らかに異なる赤ちゃんの状態から学習をする年齢になると、たとえ子どもであっても「大人と同じ人間」の感覚になるのです。そして、人間だからできて当たり前のことでミスをすると「ダメ」になってしまうのです。

そうではなく人間は揺らぎながら成長をする生き物ですから、子どもが失敗したりできなかったことへ大人が勝手に〝試合終了〟をさせるべきではありません。

本人ができるようになるまで、飽きるまでやらせるべきなのです。

「ハマる→飽きる」は好きなこと探しの時間

リックキッズに通ってくる子どもたちを見ていると、ひとつのことに没頭してやり続ける子もいれば〝ハマっては飽きて〟を繰り返す子もいます。

私はどちらもそれでいいと思っているのですが、親としてはひとつのことに没頭する子どもはまだしも〝ハマっては飽きて〟を繰り返されると「ひとつのことに集中できないのでは？」と否定的に考えてしまうかもしれません。

しかし**〝ハマっては飽きて〟は問題のないこと**です。

どんな人間でも物事にハマる瞬間もあれば飽きるタイミングもあります。

人によってそのスピードはまちまちです。ひとつのことに没頭している子は、たまたま手に取ったものが自分の「好き」とマッチして〝今は〟とにかく楽しいから没頭しているだけで、どこかのタイミングで飽きることもあります。

一方で〝ハマっては飽きて〟を繰り返している子は、まだ自分の「好き」とマッチするものを手にしていないだけです。

言い換えるなら**〝ハマっては飽きて〟は「好きなこと探しの時間」**なのです。

子どもが何に興味を持つかがわからない以上は、大人としてはいろいろなボールを投げてみるしかありません。例えるなら、おもちゃ箱からひとつずつおもちゃを見せて興味を引くかを試すようなイメージです。

少し手に取って少し遊んでみて、ほっぽり投げてしまったら次のおもちゃを渡せばいいのです。やがて自分の適性や一生やりたいことが見つかるでしょう。

〝ハマっては飽きて〟を繰り返す子どもに対して、大人としては「習い事の月謝を3カ月も払ったのがもったいない」というような感情を抱いてしまうかもしれません。

しかし「好きなこと探しの時間」と考えれば納得できると思います。

あるいは、自分自身に置き換えて考えてみるのもいいでしょう。

体を鍛えるためにフィットネスクラブに入会したり、痩せるためにヨガ教室に入会したのに1カ月で挫折して幽霊会員に。それでも別の方法を探したり、別のクラブへ通おうとしたりするはずです。

子どもの〝ハマっては飽きて〟も同じことだと考えてください。

子どもの成長を止める大人の言葉がけ

大人側が学びと遊びを一致させるアプローチを子どもに仕掛けるときに「言ってはいけない言葉」が存在します。

なかには大人としてはよかれと思っての言動が、実は子どもの成長を止めたり可能性の扉を閉ざしてしまうこともありますので注意が必要です。

第2章で暗記や実験などの学習アプローチをお伝えしました。

このときに**子どもがうまくできなかったとしても、次のような言葉を絶対に言ってはいけません**。

- 「違う！」
- 「なんでこんなことも覚えられないの！」
- 「さっき教えたばかりじゃないの！」

・「前はできたのにどうして今はできないの！」
・「どうして同じところで何度も間違えるの！」

他にも似たような言い回しはありますが、**これらの言葉は子どものミスを「失敗」ととらえてしまっているために出る言葉です。大人の目線で「これくらいできて当たり前」と考えているために出てくる言葉でもあります。**

前述のような言葉を言われた瞬間に、子どものなかで学びは遊びではなくなり、つまらないものになってしまいます。そもそも遊びの範囲ですから、いちいち怒っても仕方がないことなのです。

子どもの成長を止めてしまうアプローチとは？

言葉がけ以外にも、子どもの成長を止めてしまうアプローチが存在します。

大人側としてはよかれと思っての行動なのだと思いますが、年間何百人も子どもを見ている私としては「子どもは本当に何でもできる存在」だと思っています。

●「子どもらしい遊び」を押しつけてしまう

リックキッズの説明会には、幼稚園の年中・年長の子どもを抱えた親御さんが参加します。そのときにリックタウンをはじめとする各種イベント（リックキッズでやっていること）を説明すると多くの親御さんから次のように驚かれます。

『（小学校）1年生でこんなことができるんですか？』

リックキッズでいろいろなことにチャレンジし、やりたいことができるようになる子どもたちの可能性に驚かれるのです。

第3章でお伝えしたように、リックキッズではリックタウンのようなイベントでお菓子づくりやアクセサリーづくり、使い捨てカイロづくり、ピアノやバイオリン演奏などの子どもたちが「チャレンジしたい」と思う将来の夢を実践します。

もちろん、そこには大人のサポートはあります。しかし、メインとなるのは子どもたちの「やりたい」から始まり、実現するためにはどうすればいいかを一緒に考え、アイデアを出し、実際に取り組むことを行います。

すると1年後にはできるようになるのです。

それを知らずに「子どもはこういう遊びが好きだろう」と大人側が勝手に線引きを行い、子どもらしい遊びを無意識にでも押しつけることによって、結果的に子どもは本来できることができないまま成長してしまいます。

この手の有名な寓話で『象と鎖』があります。次のような話です（要約）。

《あるサーカスに子象がいる。

子象は足を鎖でつながれて、鎖は太いくいにつながっている。

子象はなんとか逃げ出そうと鎖を引っ張るが、力が弱くてかなわない。

何度も逃げ出そうとしては失敗することを繰り返すうちに、やがて子象は「この鎖は絶対に切れない。いくらがんばっても無理だ」と思うようになる。

大人の象になって軽々と鎖を引きちぎれるようになっても、その固定概念を突破できず、象はもう逃げ出す試みをしなくなってしまう》

大人側の線引きは「鎖」に似ています。

「小学校1年生だからここまでやる、2年生だからこれをやる」ではなく、子どもの才能と可能性を最初から信じて伸ばす、もしくは勝手に枠をつくらないことが大事です。

●「できない」と決めつけて最初からチャレンジさせない

「そもそも子どもにはそんなことはできない」と侮ってしまっているケースです。これも意外と多いので注意が必要です。

リックキッズの内部（スタッフ側）の例ですが、年号を覚えるチャレンジでスタッフの用意したプリントの数が「令和」からさかのぼって80個分の年号までしか用意していないことがありました。

私は「きっと足りないんじゃないか」と思っていましたが、見守ることにしました。すると案の定、80個では足りず慌てて「大化」まで用意する事態になりました。

こういった例は多々あります。

ちなみに、令和からさかのぼって80個目の年号は何でしょうか？

正解は、南北朝時代の南朝／建徳（1370年～1372年）です。私たち大人からすれば初めて聞く年号だと思います。そういった思い込みが「大人でも知らないのに子どもが覚えられるはずがない」の先入観になるのです。

少し厳しい言い方ですが、この考え方は子どもを侮っているのと同じです。

子どもは「できない存在」ではありません。最初はできなくても訓練次第でできるようになります。それにもかかわらず大人側が子どもを侮ってかかりチャレンジさせないと、本来できたことができない状態で時間を経過させることになります。

「できるだろう」と思ってできなかったことを失敗と考えてしまうことも問題ですが、同時に「できない」と決めつけてさせないことも問題なのです。

●子どもに大人と同じ振る舞いを求める

私が最近、友人から聞いたエピソードからお伝えします。

友人が本屋へ行ったときのことです。新刊の漫画をチェックしている友人の目の前にお母さんと小学校1、2年生くらいの男の子がいました。

男の子はダンスのような動きをしていました。別に大声を出したり走り回ったり暴れたりしていたわけではありません。友人にはちょっと変わったオリジナルダンスの動きに見えてほほえましかったそうです。

友人がほほえましく男の子を見ていると、お母さんが厳しい声で言いました。

「普通にして！」

友人は思わず「普通って何だよ」と言いそうになったそうです。

このエピソードのように、大人は子どもに大人と同じ振る舞いを求めがちです。

他にも、先日も私の住むマンションのエレベーターで近所の小学校1年生くらいの男の子と一緒になりましたが、ドアが開いた瞬間にダッシュをしてどこかへ行ってしまったことがあります。

子どもには走り出したくなる、大きな声を出したくなる、踊りたくなる習性があるのかもしれません。

しかし、大人は自分たちと同じ社会的常識を踏まえた行動を子どもに求めます。

そして、子どもにそれができないと「静かにしなさい」「おとなしくしなさい」「走らないで」「他の子と同じようにして」「いいかげんにしなさい」などと言います。

結果、子どもは大人の都合で「やりたいこと」を封印されてしまいます。

さらにタチが悪いと思うのは、子どもの頃には「静かにしろ」「調和を乱すな」「みんなと同じことをしろ」と学校も含めた大人たちから言われるにもかかわらず、社会に出るとまったく逆のことを求められることです。

静かにあいさつをしたら「声が小さい。もっと元気よく」と言われます。

右にならえで行動をしたら「もっと個性を発揮しなさい」と言われます。

そもそも子どもが「やりたい」と思うことを禁止することが可能性を閉ざす行為ですが、子どもの頃は禁止されていたことを、社会に出た瞬間から強要されるのも不幸なことではないでしょうか？

教育虐待が子どもの人生をダメにする

ここまでは、子どもを制限する方向で可能性を閉ざしてしまうアプローチをお伝えしてきましたが、逆に強制させる方向でも子どもの人生をムダにしてしまうことがあります。

その代表的なものが「教育虐待」です。

教育虐待とは「教育を理由に子どもに無理難題を押しつけたり、子どもの意思に反して受容限度を超えて勉強させること」を指します。子どもが望んでいない習い事をさせることも含まれます。

その前提には、親が受験や人生の選択において「あなたが進むべき道は自分たちがすべて知っているから従いなさい」という子どもの意思の無視・軽視があります。その結果、精神的・肉体的に回復できないほどの苦痛を子どもに与えます。

２０１１年の「日本子ども虐待防止学会」において武田信子教授（武蔵大学）が「子どもの受忍限度を超えて勉強させるのは教育虐待にあたる」と発表したことから世間に認知されるようになりました。

例えば、野球好きな親が子どもを将来プロ野球選手にするために、幼少期から野球の練習ばかりをさせる、高学歴の親が自分と同じ職業や人生ルートをたどらせるために早いうちから進学塾に通わせるなどです。

そこに子どもの意思があれば別です。プロ野球選手になりたい意思があったり、オリンピック選手になれるだけの才能があって、そのためにモチベーションを高く維持できているのであればいいでしょう。

しかし、そうでない場合は教育虐待といえます。

考えてもいただきたいのですが、小学校に通う子どもたちは8時から早ければ14時ごろ、遅ければ16時ごろまで、休み時間や給食タイムを除いて4時間から6時間の勉強をしています。

さらに放課後、塾で2時間。家に帰ってからも自習で数時間の勉強をすれば10時間近く（あるいはそれを超える）勉強をすることになります。

残酷なのはこれが「勉強」というオブラートで覆われていることです。

ワードを「労働」に置き換えてみてください。途端にマイルドさがなくなります。365日休みなく10時間から12時間の労働をさせられる企業を私たちは「ブラック企業（ブラック労働）」と非難します。

しかし子どもたちは、実は「子ども版ブラック労働」とも呼べる勉強やトレーニングをさせられているのです。しかも、親の都合によって。

さらに実際に仕事をしてみるとわかりますが、仕事の1時間と勉強やトレーニングの1時間では負担が違います。

語弊があるかもしれませんが、仕事は緩急をコントロールできるのに対して、勉強は「覚えなければいけない」「問題を解かないといけない」などの負荷がかかります。

当たり前ですが、仕事でも勉強でもある一定の負荷をかけるとパフォーマンスは下がるものです。加えて結果が出ないと子どもは親に叱られます。

仕事でも上司から叱られることはあると思いますが、上司と親とでは本人への影響力は大きく違います。子どもは「親」という絶対的な影響力を持つ存在からは逃げられませんし、毎日24時間一緒にいる存在なので心の負担は相当大きいでしょう。

加えて才能の問題が関わってきます。

勉強やスポーツの才能がある子が、目標を共有して負荷をかけられるならまだしも、そうでない子が同じアプローチを施されると下手をすると子どもなのにうつ病になってしまいかねません。

大人も子どもも関係なく、時間というリソースをどう配分するかです。

物事を一人前にできるようになるのに、1万時間の練習が必要であるとして「1万時間の法則」がありますが、得意な子であれば8000時間で習得できるものが、不得意な子は2万時間使っても習得できないかもしれません。

非常にコストパフォーマンスが悪いです。

それにもかかわらず、親が行かせたい方向で教育虐待をさせることで結果的に子どもの人生の時間をムダにしている可能性があるのです。

「受験」という親の代理戦争に巻き込まれる子どもたちの不幸

私は「すべての親が教育虐待を行っている」と言いたいわけではありません。

むしろそれは一部であって、多くの家庭では子どもを普通に育てる、のびのびと自由に育てる、好きなことをさせて育てるほうが多いでしょう。

または、親子間での目標設定が明確で子どもが疑いなく人生のルートを把握しているケースもあります。

リックキッズに通う子どものなかには、家族が医者の家系で中学受験を考えている子がいます。彼は有名進学塾に通っていますが、私が「どうしてそんなに勉強をするの？」と質問すると「●●中学へ入って、高校は■▲へ行って、将来は東大に入って医者になるため」と明確な目標を誇らしげに話してくれます。

このような場合はよいと思います。

しかし、教育虐待で特に「受験」においては、子どもたちは親同士のマウントの取り合いや見栄の張り合いに巻き込まれることも多いです。

私はこれを「親の代理戦争」と呼んでいます。

少し古い話になりますが、フリーアナウンサーの大神いずみさんが２０１７年にフジテレビ系のエンタメ番組『ノンストップ！』にて自身の子どもの受験戦争について振り返った話があります。

同番組内で大神さんは「子どものことなのに『あの子の親のほうがイイ服を着ている』とか『成績が上がったのはどこどこの教室行っているから』とか、そういうことを気にする自分がいて」と当時を語りました。

また当時の心境として「あそこ（の子が）受かってうちが落ちたらどうしよう」と不安になり対抗心を燃やしたことも明かし、ネット上で大きな共感を得ていました。

このような親の代理戦争は確かに存在するのだといえます。

『読売新聞オンライン』２０２２年12月10日のニュースで「首都圏の中学受験、９年連続で増加」の見出しの記事がありました。首都圏では中学受験者数が9年連続で増加し、翌年1月から2月の入試では過去最多の5万2800人が受験するそうです。

これらの子どもたちがすべて親の代理戦争に巻き込まれているとは言いません。しかし、中学受験をテーマにした大ヒット漫画『二月の勝者』の冒頭にはカリスマ塾講師の黒木が教え子たちに「君達が合格できたのは、父親の『経済力』。そして、母親の『狂気』」と言い放つシーンがあるように、確かに存在するものでもあります。

私は受験そのものを悪く言いたいのではありません。**問題は「子どもが本当に受験をしたいと思っているか？　そこに親の刷り込みはないか？」です。**

子どもたちは、本当は受験したくないとしても「したくない」とは言いません。私がヒアリングをしてもそうです。親から道を決められていると「●●中学へ行きたい」と口にするようになります。

親が子どもに刷り込むのは簡単です。繰り返しますが、親子の目標がお互いに納得しているならいいですが、そうでない場合は刷り込まれた動機づけに寄って子どもは自分のやりたいことに気づかないまま、親の敷いたレールの人生を歩んでしまいます。

実際に中学受験は難しいです。

小学校では習わない範囲の問題や応用問題が多く出題されるので、塾へ通って追加の勉強をしなければ合格が難しくなります。

すると、勉強の過程でついていけなくなったり、前述の10時間から12時間の子ども版ブラック労働をせざるを得なくなります。子どもからすれば「親から言われたから受験したのに、ブラック労働だったとは思わなかった」と言いたいところですが、現実には口にできません。

したくもない受験を親の都合でさせられ、本来したいことができない子を量産するのは不幸ではないでしょうか？

子どもの育て方はひとつではありません。自由にのびのび育てるやり方もあれば、ある程度のレールに乗せる育て方もあると思います。

何がよくて何が悪いかを決めつけるつもりは毛頭ありません。

しかし、**どのようなアプローチにおいても子どもが自分から「これをしたい」と思うことをサポートするのが大人の役割**だと私は思います。

第4章でお伝えした「子どもの可能性の扉を閉ざしてしまう言葉がけやアプローチ」はあくまでも一例ですが、現実には存在しているものです。大人側が常に自身を振り返り、確認をしながら子育てに反映させてもらえればと思います。

第5章

「公設」か「民間」か？ 学童教室の選び方

学童教室（学童保育・放課後児童クラブ）とは？

２０２１年の厚生労働省の発表によると、現在「放課後児童クラブ（学童保育のこと）」の数は２万６９２５カ所に上り過去最高を更新しています。

本書の読者のなかには共働きで働く夫婦が多いと思います。

学童教室を利用したいと考えつつもどこに通わせるかがわからない、学童教室がどんなものかをあまり知らない読者のために、本章では学童教室の見分け方・選び方をお伝えします。

学童教室（学童保育）は厚生労働省が所管の「放課後児童健全育成事業」（児童福祉法での法律上の正式名称）です。

主に共働き家庭や一人親家庭などの日中に保護者が家にいない小学生の児童（＝学童）を対象に学校の授業終了後に適切な遊びや生活の場を与え、児童の健全な育成を図るための保育事業と定義されています。

施設に統一的な呼び名はなく「放課後児童クラブ」や「学童教室」「学童クラブ」「学童保育所」など地域や自治体、設置主体によってさまざまですが、本書では引き続き学童教室で統一します。

もともと学童教室は大東亜戦争以前から共働き家庭や一人親家庭のための自主的な保育活動として始まったといわれています。

その後、高度経済成長期（１９５５年ごろからの約20年間）に「カギっ子（自宅の鍵を持参している子どもの通称）」が増加した社会背景を受けて放課後児童の保育需要が高まり、１９９８年に児童福祉法に基づいて法制化されました。

法制化当時は「おおむね10歳未満の児童」が対象とされていましたが２０１２年に法改正が行われて２０１５年以降は小学校6年生までが対象となりました（保育を必要とするすべての小学生が学童入所の対象となり拡大された）。

学童職員の基準も変わり、新たに「放課後児童支援員」の資格が設けられました。

放課後児童支援員は自治体が行う研修を修了して専門的知識や技能を身につけた指導員で、学童運営のためには最低2名以上を配置する必要があります。

時代背景的にも学童教室は必要とされるようになった

では現実に、親は学童教室に通わせる必要があるのか？

家庭によってさまざまな事情があるとはいえ、時代的にはかつてよりもずっと必要とされていると私は感じています。

総務省統計局が発表しているデータで、２０２２年2月に更新された「専業主婦世帯と共働き世帯」の推移のグラフがあります（１４４ページ参照）。

１９８０年代（私が生まれた頃）から２０２１年までの推移を見ると、１９８０年には専業主婦世帯が１１００万世帯以上で共働き世帯が約６００万世帯で2倍の開きがありました。

これが１９９０年から２０００年にかけて同水準で交差し、20年以上がたった現在では逆転。逆相関状態になりました。専業主婦世帯が５６６万世帯にまで落ち込み、

専業主婦世帯と共働き世帯（1980年～2021年）

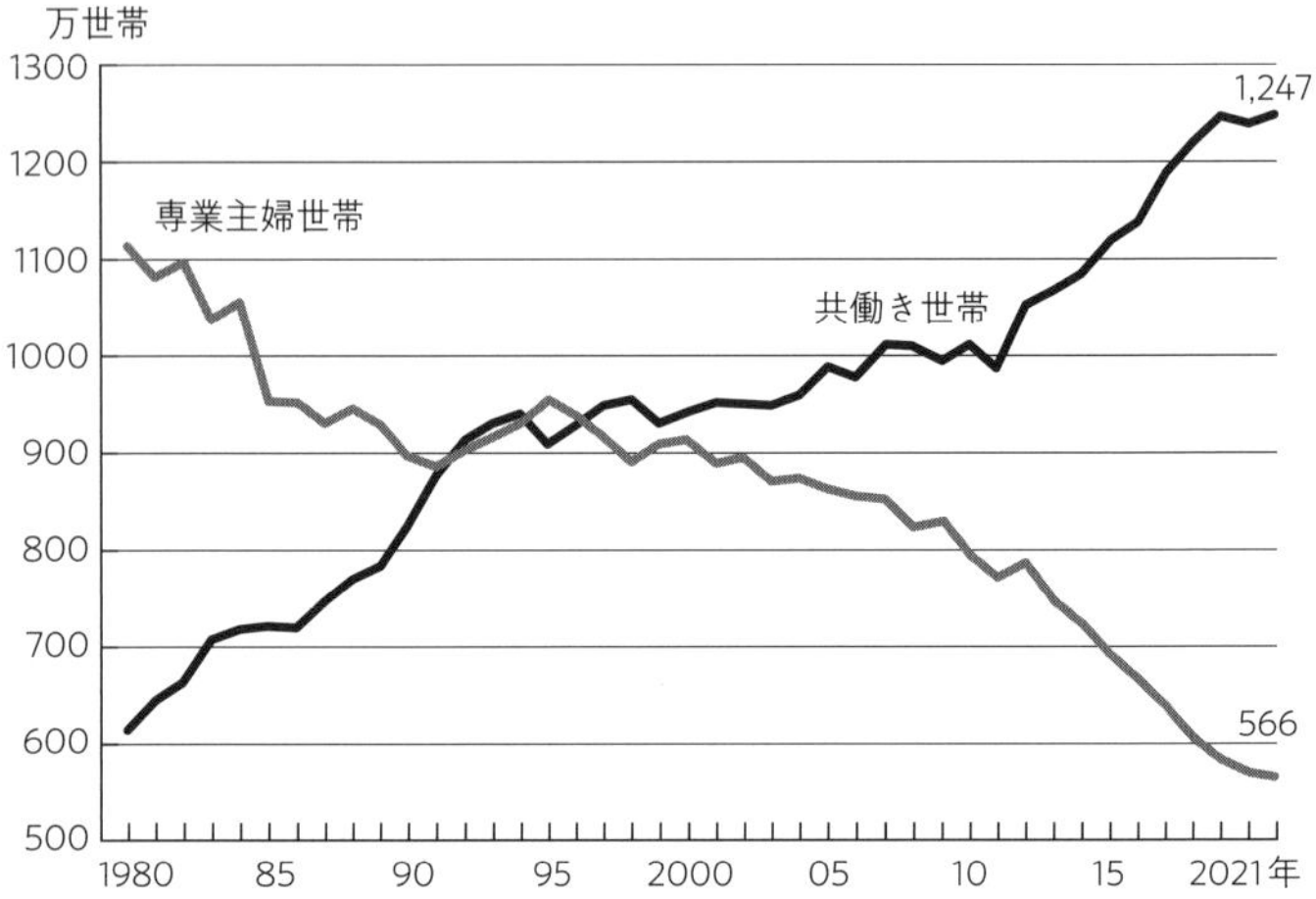

資料出所：総務省統計局「労働力調査特別調査」、総務省統計局「労働力調査（詳細集計）」

共働き世帯が１２４７万世帯にまで増えたのです。

　しかも、それぞれが半減・倍加しただけでなく40年前の水準を超えてきているので今後はさらに拡大していくでしょう。

　さらに、かつての日本は子どもを地域で育てる習慣がありました。私たちの親世代が子どもだった頃の話です。近所の人がみんな顔見知りで子どもたちは親が不在のときは近所の家で時間を過ごしたり、食事をさせてもらうことがよくあったそうです。

しかし、現在の日本では「地域で育てる風習」が減っていますし（ないとは言いません）、男女が平等に社会へ出るようになって以降は「子どもはお母さんが育てるもの」という考え方も薄くなってきています。

働き方も変化してパートで17時に帰ってくる親もいれば、21時まで働く親もいます。するとと子どもの受け入れ先がなくなっていきます。

小学校1年生なら14時から15時ごろには学校が終わって自宅に帰ってきます。そこから親が帰ってくるまでの数時間を1人で過ごさせることは難しいでしょう。

必然的に自宅以外の受け入れ先を探さざるを得なくなります。

そんなときに受け入れ先の選択肢のひとつとなるのが学童教室です。

学童教室のカテゴリーには「公設」と「民間」がある

学童教室のカテゴリーは、大きく分けて「公設」と「民間」に分けられます。

公設とは文字どおり国（地方自治体）によって設置された学童教室です。公設の学童教室のなかにはさらに「公営」「民営」「NPO（非営利法人）系」の3つの運営主体があります。

民間は民間企業によって運営されています。

・公設……公営、民営、NPO系による運営
・民間……民間企業による運営

それぞれの違いを見ていきましょう。

●公設公営の学童教室とはどのようなものか？

イメージとして最もわかりやすいのは、私たち親世代の子どもの頃だと思います。学校のグラウンドの隅に建物があって、学童教室に通う同級生が放課後になると向かっていった〝あの場所〟です。

読者のなかには、公設公営学童で時間をつぶす同級生と一緒に放課後のグラウンドで遊んだ記憶のある人もいるかもしれません。

公設公営の学童教室は、基本的に教室（施設）と学校のグラウンドを開放しています。

一般的な開室時間は、延長しても19時くらいまでで、早いと17時すぎから18時前には終わってしまいます。

夏休みなどの長期休暇期間も開かれていますが、朝から教室とグラウンドを開放して出欠のチェックをするくらいで基本的に遊びや学習のカリキュラムはありません。

その分、子どもたちが各自に勉強したいことや遊びたいことを持ち込むことができるともいえます。グラウンドで鉄棒をしたりボール遊びをしたり、あるいは教室内で夏休みの宿題をしたりするのは子どもたちの判断次第です。

ただし食事は用意していない（後述しますが「用意できない」）ところがほとんどです。そのため保護者がお弁当を持参させる必要があります（おやつくらいは出す教室もあるでしょう）。送迎もありません。

遊びや勉強のプログラムがなかったり、食事や送迎のサービスがないため各家庭の「自力」を必要とはしますが、それを「自由」と考えるか「不自由」と考えるかはそれぞれだと思います。

料金は、数千円から1万円（1カ月）が相場なので利用しやすいのです。

学校内に設置されていることが多いので移動が少なく（学校の教室から学童教室まで、自宅から校区内の学校まで）生活の場としての安全性は高いといえるでしょう。

●公設民営・NPO系の学童教室とはどのようなものか？

民営とNPOは、運営事業者が異なるだけでどちらも公営ではないため、同じカテゴリーとしてお伝えします。

公設民営とは、これまで国や地方自治体が運営してきたものを民間に委託することです。「公」の業務を「民」のノウハウやスキルを活かして効率化しようという試みで、学童教室以外にも保育園や介護福祉施設などで委託は進んでいます。

公設民営学童教室の場合、ある地方自治体がいくらかの予算を出してそのなかで民間企業やNPO団体が「どんなことをするか」のプランを出して入札をします。そして選ばれた団体が運営を行っていきます。

あるいは、民間事業者が物件を見つけてきて「ここで公営学童教室を開きたい」とするケースもあります。

こう書くと「公設民営のほうが公営よりもサービス面が高そう」と思えるかもしれません。しかし実際は行政側がそこまでのサービスを求めないため、**公営と比較してもサービス面で極端に違わない**のです。

安全にけがなく（事故なく）しっかり預かってほしいのが基本の考え方なので、食事サービスや送迎サービスのような新しいことでも結局は地方自治体の出す予算内で考えなければいけません。

私個人的な感覚としては、公営に比べて民営のほうがまだやる気を感じられますが、団体側がやりたくても限界があるため、ＮＰＯのような非営利法人（社会福祉法人も含む）が参入していてもそれほどの変化がないのです。

●民間学童とはどのようなものか？

民間学童教室は、教育事業に関連した一般企業や塾事業者、ＮＰＯなどの「法人」が運営しています。大手企業から個人経営まで多種多様な運営形態が特徴です。

学童保育が１９４０年代後半から民間保育園などで始まった背景を考えると、民間学童教室の存在は決して特異なものとはいえません。


民間学童教室のなかでも最も有名なもののひとつが、東急グループの運営する「キッズベースキャンプ」でしょう。子どもたちに「社会につながる人間力」を身につけさせることをコンセプトに教育カリキュラムを開発しているのが特徴です。

２００６年９月に東京・桜新町で１号店がオープンして以降、現在までに東京都内と神奈川県の東急線沿線を中心に23店舗を展開しています（２０２３年１月現在）。

また業界最大手は、やる気スイッチグループが運営する「Ｋｉｄｓ Ｄｕｏ（キッズデュオ）」でオールイングリッシュ保育が特徴です。

全国に200教室以上を展開（2022年8月時点）しているため、もしかしたら一度は見かけたことがあるかもしれません。

あくまでも大手2例ではありますが、**民間学童教室は運営主体によって特徴やコンセプトを設けているところが多い**です。

他にも、フレキシブルなサービス提供を行っていて、**送迎サービスや食事サービス、塾や習い事のオプション、企画イベントなどのアクティビティ**が充実しています。

開室時間も早いところであれば8時から始まり、20時から21時まで開いているので、**公設学童教室よりも長い時間を預かってもらえます。**

ただ料金に関してはサービスやオプションが充実している分、フルでサービスを利用しようと思うと、7万円から10万円／月になってしまいます。

公設学童教室の10倍近いので世帯収入や家庭の事情に合わせて〝賢く〟利用する必要があるかもしれません。

公設学童と民間学童との比較

	公設学童（公営・民営）	民間学童
利用料金／月	数千円から1万円	数万円から10万円
保育内容	基本的に自由（特段のカリキュラムはない）	各事業体によって特色があり充実している
送迎・食事サービス	なし	あり
開室時間	8時から	7時～8時
閉室時間	18時前後が多い	20時～21時（22時ごろまで延長しているところもある）

親側のニーズに応えられる学童教室を選ぼう

では「公設と民間、どちらの学童教室を選ぶか？」ですが、結論から言えば「保護者が求めるサービスがかなっているところを選ぶ」が正解です。

昔に比べて共働き家庭が増えて専業主婦（主夫）家庭が減っているとはいえ、世の中の家庭にはさまざまな状況があります。

共働き家庭でも夫婦そろって遅い時間まで働く場合もあれば、片方が自宅勤務で兼業的に家事と仕事ができる家庭もあるでしょう。

専業主婦（主夫）の家庭でもパートに出るところもあると思います。パート時間も短い場合もあれば遅い場合もあるでしょう。

さらに、私の友人のケースでは共働き家庭でしたが、小学校が終わったら祖母の家で時間を過ごし、夜になったら母親が迎えにきたそうです。友人にとっては祖母の家が学童教室のような役割を果たしていたわけです。

このように個々の家庭の状況に合わせて学童教室選びは考えるべきです。

ただし民間学童を運営する私に言わせると、**収入に比較的な余裕があるなら民間学童のほうが〝楽〟**です。

全国にさまざまな形態の施設があるとはいえ、**リックキッズでは「保護者の生産性を上げること」をミッションとしているからです。**

「どちらが子どもを迎えに行くのか」「習い事に何をさせるか」「おやつや食事を与える」「宿題をやらせる」などの保護者が面倒に感じることを民間学童が受け入れて生産性高く行うことで、結果的に保護者の生産性を上げているのです。

●公設学童は親側のニーズに応えられないことが多い

さらに誤解を恐れずに言えば、公設学童は「公共サービス」の世界です。

つまり個々人に合わせたサービス提供ではなく、そのサービスを受ける全体を対象としたサービスです。一人ひとりの子どもに合わせた手厚い対応は望めません。

私は公共サービスを否定したいわけではありません。

全国にさまざまな形態の施設があります。ちなみに、リックキッズでは「保護者の生産性をあげること」をミッションとしているからです。

しかし、公設公営の学童教室などの場合は、基本的に出欠を取ってグラウンドを開放するだけです。勉強のニーズに応えたり、習い事をさせたり、送り迎えをすることはしません。というか、できないのです。

私の知っているある公設保育園のオペレーションで驚くべきことがありました。

ランチ提供の際に「米飯だけは家から持ってきてください（＝おかずのみの提供）」という訳のわからないオペレーションだったのです。

これが元からそのようなオペレーションだったのか、予算の都合なのかはわかりませんが、潤沢なサービスを提供できない理由はシンプルに予算がないからです。

保育園であればまだ園児の受け入れごとに数十万円の予算はつきますが、学童教室の場合はおおむね３万円前後です。それくらい予算がないのです。

予算がないが故に公設学童では子どもをもてなすことができません。

結果的に食事や送り迎え、遊び、勉強など保護者側が求めていることをかなえるサービスを構造的に実現できないのが公設学童で、仕組みとして設計されていません。**個々の才能を伸ばすことを考えたり、チャレンジさせることが仕組みとして難しく、仮に運営側がやりたいと考えてもできない現実がある**のです。

私の推測でしかありませんが、公設学童の対応の遅れはかつての日本が「専業主婦が当たり前（家にお母さんがいるのが当たり前）」で学童はその補助の役割だった考え方から変化していない、もしくは、変化が遅いのが原因だと思います。

今後の政府の動向次第では公設学童にももっと予算がつけられる時代が来るかもしれません。この１、２年の動きに注目したいです。

民間学童教室を選ぶときに見るべき5つのポイント

もしもあなたが民間学童を選択する場合、どのようなポイントに気をつけて選べばいいのか？

民間学童教室を選ぶときに見るべきポイントを5つの視点でお知らせします。

ポイント1　教育方針に合ったところを選ぶ

各社いろいろな考え方や方針があります。

重要なのは各学童の打ち出している方針が、あなたの教育方針とマッチしているかどうかを見ることです。リックキッズの場合は、学童教室としての〝色〟をあえて出さずに小学校の延長線上の「総合的」な打ち出し方をしています。

しかし、Ｋｉｄｓ　Ｄｕｏのようなオールイングリッシュ保育＝英語に特化した学童教室もあれば、他にも勉強に特化している（進学校受験向け）やスポーツ特化、エリート教育特化などの特色があります。

例えば、子どもにいろいろなチャレンジをさせるリックキッズの場合、親が「外遊びは危ない」「けがをさせたくない」「失敗をさせたくない」と考えている場合は、合わない可能性があります。わが子を大切にしたい気持ちはよくわかります。

リックキッズではキャンプをすれば、小さなやけどをすることもありますし、スポーツをすれば擦り傷をつくることもあります。リックタウンで物販をしたけどまったく売れなくて悔しい思いをしたり、集客したのに全然集まらなくて悲しい思いをすることもあります。

イベントで子どもに何かしらの〝傷〟がついて落ち込んだときに、親がそれを「受けてはいけない傷」と考えるか、「次の成長につながるバネ」と考えるかで解釈は変わります。

ですから、**まずは「親自身がどういう教育方針で子どもを育てたいか」を明らかに**

して民間学童をチェックしてください。

ポイント2　教育方針と子どもの「したいこと」の合うところを選ぶ

ポイント1に関連しますが、親の教育方針に対して子どもがどう考えているかを知っておくことも重要です。

第4章でお伝えした教育虐待ではありませんが、親がさせたいことと子どものしたいこと・好きなこと・得意なことがマッチしていないケースは散見されます。

2つがマッチしている学童教室を選ぶのが一番素晴らしいと私は考えます。

勉強が得意な子は、絶対に勉強をがんばる、もしくは、極めるのがいいと思います。それによって将来の選択肢が増えます。そして、大学偏差値と年収に相関があります。不幸なのは、スポーツが得意ではなく好きでもないのにスポーツに特化した学童教室に入れることです。勉強が苦手な子が、勉強特化の学童で長時間にわたり勉強をさせる。このように生み出されるミスマッチがとにかく不幸だと思います。

ポイント3 可能なら説明会に参加する（説明会で見るべきポイント）

親の教育方針と子どものしたいことをマッチさせるためにも、可能であれば説明会に参加してください。説明会には子どもも一緒に連れていきましょう。

「見学会でもいいですか？」

そんな声が聞こえてきそうですが、見学会（オープンスクール＝実際に教室を開放して運営を見てもらう会）は、それだけでスタッフを配置しなければならないため、実施していないところが多いはずです。

逆に就職活動での会社説明会のように、特定の日に専用の説明会をしているところはありますので申し込むといいでしょう。

説明会で見るべきポイントは次の３つです。

・子どもたちが楽しそうにしているか？
・スタッフのレスポンスは的を射ているか？
・飾りつけの豪華さよりも「清潔」か？

まず見てもらいたいのは、その学童教室にすでに通っている子どもたちは楽しそうに過ごしているかの雰囲気を見てください。自宅・学校に続く「第3の居場所」として子どもたちが安心して過ごしているかを見ます。

このときに子どもを一緒に連れていっていると「楽しそう」などの感想を聞けることがよくあります。子どもが楽しそうに感じていないのに親の一存で決めるようなことはしないでください。

説明会で話される当該の学童教室の運営方針や「大切にしている考え方」などをヒアリングしてください。あなたの教育方針とマッチしているかどうかを見極めるためです。

基本的な方針や考え方は、説明で理解できると思いますが、そのなかでも疑問に思うことがあればメモを取るなどして控えておいて、質疑応答のタイミングで質問しましょう。その際にスタッフの対応度合いもチェックポイントになるからです。

スタッフの返答がとんちんかんだったり、あなたの質問に対して的確な答えがない場合は注意です。仮に入会したとしても日々の利用でストレスを感じることが出やすい可能性があります。

「清潔さ」は内装のきれいさでは見ないでください。

飾りつけがホテルのように豪華だったり、内装にお金をかけていたり、最新の設備である必要はありません。

重要なのは「清掃や整理整頓が行き届いているかどうか」です。

一事が万事、掃除が行き届いていないところが細かいミスが発生しやすいです。これも日々の利用でストレスになりますし、万一の場合は事故につながりかねません。

ポイント4　オープンな運営をしているかどうかを見極める

ポイント３とも関連しますが、当該の学童教室の運営がオープンに情報開示をしてくれるかも見るべきポイントです。

２０２１年７月に福岡県中間市の認可保育園で男児（当時５歳）が送迎バスに約９時間も取り残されて熱中症で亡くなる事件がありました。２０２２年９月には静岡県牧之原市の認定こども園で女児（当時３歳）が送迎バスに約５時間も放置され熱中症で亡くなる事件がありました。

これらの痛ましい事件を受けて国は、対策として２０２３年４月から送迎バスへの安全装置の装備の義務化を決定しました。

しかし、こういった悲劇が今後ゼロになるかというと恐らく難しいでしょう。

私のように業界に身を置く立場からすると、バス置き去り事件のような出来事は管理がしっかりしていないと、「起こり得ること」だからです。

全国の幼稚園や保育園、認定こども園、特別支援学校などの送迎バスはおよそ4万4000台あります。民間学童の送迎も加えるとさらに増えます。都合4万台以上の送迎バスが毎日走って、送迎のやりとりをしているわけです。

読者の立場からすると「あんな事件はあり得ない」と思うかもしれませんが、運営側から見るとヒューマンエラーとしては「なくはない」になるのです。

脅かすようなことをお伝えしたかもしれませんが、バス置き去り事件ほどではないにしても、子どもをどこかの施設に預けていると必ず誰かに何かのアクシデントは起こるものです。

仲よくしていた子ども同士が急にけんかをして、けがをさせてしまったり、サッカーをしていてシュートしたボールが、顔面に当たって鼻血が出たりすることはあります。

大事なのはアクシデントが起こらないことではなく（学童教室のスタッフは事故が

起こらないように気を配っていますが）アクシデントがあったときにオープンに情報開示をしてくれる運営をしているかどうかです。


オープンな運営を確認するためにはストレートに質問をしてください。

「こういう事故があった場合には、ちゃんと報告してくれますか？」

質問に対して明確に答えてくれるかどうか、返事や会話そのものにストレスがないかを確認しましょう。

ポイント5 「毎日の便利さ」がかなえられるかどうかで選ぶ

最も重要なポイントが「毎日の便利さ」です。

ここまでお伝えしてきたポイントは「入会前」の話でしたが、現実には入会してから本番で毎日の利用に関わってきます。毎日の利用が「ストレスフリーかどうか」で継続するかしないかが変わってくるからです。

ストレスフリーかどうかを見極めるポイントは次の３つです。

・自宅から近いかどうか？
・連絡手段がスムーズか？
・営業時間が必要十分か？

自宅から民間学童までの距離は絶対条件です。

自宅から近いところが最も便利です。イメージとしては自宅から最寄り駅（朝の出勤・夜の帰宅）の間に学童教室があるところが最高です。

保育園を経験したことのある読者なら、送り迎えがいかに面倒かがわかるはずです。家から寄り道をほとんどせずに預けられるだけで送り迎えは楽になり、かなりのストレス軽減になるでしょう。ですから**自宅からの距離は絶対条件**です。

もしも少し距離があるところで決めたい場合は、送迎サービスと相談してください。

連絡手段はできるだけスムーズな進行で、保護者側に配慮が行き届いているかどうかを考えてください。

例えば「今日は迎えに行けると思っていたのに、急な残業で行けなくなった」「夕食を自宅で食べさせようと思っていたのに、食べさせてもらう必要ができた」「電車事故の影響で、送り迎えを1時間遅らせてもらいたい」などの予定変更はつきものです。

予定変更でいちいち電話をするのは、飲食店の予約の時間変更くらい煩わしいことだと私は思います。それが毎日の可能性としてあるのです。

そんなときに**学童教室側にスマートフォンのワンクリックで変更できるシステムがあれば、かなりストレスフリー**になるでしょう。

営業時間もできれば長くまで預かってくれるところを選びましょう。

基本的に民間学童は21時までやっているところが多いです。さらに延長でもう1時間預かってくれるところもあります（リックキッズは22時まで）。

最近はコロナ禍の影響でテレワークが増えているので、延長ニーズが減ってきてはいますが、それでも会社の飲み会や勉強会などで帰宅が遅くなることはあると思います。**保護者側の立場として、営業時間は長いほうが余裕があって助かるはずです。**

以上５つのポイントで、民間学童教室の選び方をお伝えしました。

どの学童教室を選ぶかで子どもの将来に大きく影響することもありますので、後悔のないように親子で足を使って選ぶようにしてください。

第6章

可能性に満ちた未来を子どもたちに届けるために

子どもたちの「第３の居場所」として放課後を充実させる

現在では当たり前のように使われている「少子化」が広く日本社会で使われるようになったのは１９９２年だといわれています。国民生活白書「少子社会の到来、その影響と対応」で使用され、政府の公的文書内で初めて解説と分析が行われました。以降30年近く日本では「少子化（少子高齢化）」が問題視され、厚生労働省の発表によると２０２２年１月から10月には出生数が67万人を割り、前年同期より３万３０００人以上も少ない過去最少水準となりました。

２０２２年の出生数は80万人を割り込み、国の予測より早いペースで少子化が進んでいます。

しかし「子は鎹《かすがい》」の言葉があるように、今生まれてくる子どもたちや少年・少女たちは未来の日本を支える大事な存在です。

出生数の低下＝人口減少に加えて第5章でお伝えした共働き家庭の増加も伴って子どもを取り巻く社会構造は大きく変化していますが、私としては彼らの放課後を充実させたい思いを持っています。

第5章で公営学童と民間学童についてお伝えしましたが、多少のポジショントーク(自らのポジションに対して利益を出したい願望を含んだ発言)になってしまうことを理解しつつも、**民間学童は今後もっと必要になると私は思います。施設自体が必要になることに加えて利用する機会も増えるでしょう。**働き方が多様化した今の社会では、フルタイムで働く共働き世代にとって公設学童では厳しい面があるからです。預かってもらえる時間、送迎サービス、食事サービスなどのニーズには応えられない側面があるからです。

加えて、民間学童には子どもたちの放課後を充実させる側面があります。単純に教室やグラウンドを開放するやり方を全否定するつもりはありません。

しかし、放課後から家に帰って親と過ごすまでの数時間で習い事や勉強、スポーツ、好きなことを見つける機会を提供し充実させることは、絶対正義とは言いませんが必要なことだと思っています。

さらに言えば、**学童教室は子どもたちにとっての「第3の居場所」**でもあると思っています。その意識で学童運営を行っています。

起きている時間に限れば、平日でも学童教室をフルタイムで利用すると親よりも長い時間を学童教室のスタッフと過ごすことになります。

24時間のうち8時間が睡眠として残り16時間。そのうち学校が約6時間、学童教室が6時間、親と過ごす時間は4時間。日曜日を家で親と過ごすとしても**年間を通した学童教室での時間（長期休暇期間の1日10時間を入れると一番多くなる子どももいる）は、自宅・小学校に次ぐ第3の居場所**といえます。

しかも、その生活が小学校卒業までの6年間続きます。多感な小学校の6年間ですから充実した時間を過ごしてもらいたいと考えているのです。

「早く大人になりたい」と思える子どもを増やす

あなた自身の子どもの頃を思い出してみてください。

小学生のときに見た中学生は、制服を着こなして自分たちよりもずっと年上のお兄さん・お姉さんに思えたはずです。

中学生のときに見た高校生は、彼氏彼女ができたり、髪を染めてみたり、スポーツで大会に出たりして楽園のような日々を送っているように見えたはずです。

高校生のときに見た大学生は、お酒を飲んだり、タバコを吸ったり、アルバイトをしたりして自由に人生を楽しむ人たちに見えたはずです。

つまり、子どもにとって〝大人〟は「ワクワクするもの」だったはずです。

しかし、現実に社会へ出てしまうとそのようなワクワクは消失します（社会人になると急にテンションが下がる）。

社会に出た大人たちと話をしていると「学生時代が一番楽しかった」という声を聞くことがたまにあります。

そういう大人は残念だと私は感じます。きっと大人の世界が楽しくないのです。

私からすれば**学生時代は「お金を払って学ぶ場」であり、社会人は「お金をもらって学ぶ場」です。さらに、自分の価値を提供してお客さんに喜んでもらえる「これ以上ない楽しい世界」**です。

今の子どもたちには、そういう大人になってもらいたいと思っています。

リックタウンを開催するのも「仕事を通じた大人の疑似体験」をするためです。

誰かに価値を提供することで、金銭を得たり喜んでもらうことで「大人って楽しそう」と思ってもらいたいのです。「早く大人になりたい」と高いモチベーションを持ってもらい、「いつまでも子どもでいたい」と思う子をひとりでも減らしたいと思っています。

●「好き」よりも「楽しい」にフォーカスした大人になる

そして、社会に出るにあたってはワクワク感に加えて仕事を自分の「好きなこと・得意なこと・稼げること」でマッチさせてもらいたいと思っています。

現実を考えれば、この３つすべてが重なるのはなかなか難しいでしょう。

３つが重なっている状態が最高なら、３つとも重なっていない状態が最悪です。

しかし、最高と最悪の間にレイヤー（層）があって「好き」と「得意」と「稼げる」の３つのどれかひとつや、２つが重なる瞬間があります。そして、物事にはあと先があります。「『好き』が先行してする仕事」と「成果が出て『好き』になる仕事」です。

こうして考えると「好き」は最優先ではありません。

最初は「得意」だから始めた仕事でも「稼げる」から始めた仕事でも、とにかく全力で楽しみながらやることが大事です。

得意だから始めた仕事が、徐々に稼げるようになって好きになったり、稼げること

が楽しくて、いつの間にか好きになっていることもあるからです。逆に向いていなければタイミングを計って見切りをつけて方向転換すればいいのです。

この考え方は、少子化時代でもデフレ経済期でも関係ないと私は思っています。

さらに思うのは、ＩＴが進んでいるおかげで現代は「やりたいこと」へのコストがかからなくなってきている（アプローチしやすくなっている）時代であることです。

本人のやる気さえあれば、興味のあることを無料で調べたり勉強したりできます。

こんな時代だからこそ、子どもたちには「楽しい」や「やりたい」にフォーカスして成長してもらいたいのが私の思いです。

子育てをしながら仕事も楽しめるように親をサポートしたい

本書では「楽しい」をキーワードのひとつにしてきました。

これは子どもだけに限った話ではありません。

人間の人生を80年で考えてみたときに「子ども時代」と呼べるのは成人と見なされる18歳から一般的に大学卒業となる22歳までです。約20年間としても一生の4分の3近くが「大人」としての期間になります。

ですから、**大人もまた「楽しい」にフォーカスして子育てをし、人生を送ってもらいたい**と考えています。

最近は減ってきていますが、それでもまだ「子育ては母親がするもの」の考え方が残っていると私は思います。

この考え方は〝幻想〟にすぎません。親が離婚していたり、死別していたりして一人親だった場合に成立しなくなる理屈だからです。

そうでなくても「子育て＝母親の役割」とすることで母親から社会に出る楽しみを奪っていると思いますし、同時に父親から子育てをする楽しみも奪っていると思います。

私は民間学童教室を運営する者として、とにかく親にはストレスなく利用してもらえる施設運営を心がけています。

子どもの可能性の扉を開くために、学びと遊びを一致させるアプローチや各種のイベントを用意するのと同時に、食事・送迎サービスや長期休暇期間中のイベント・毎日の習い事などで、本来は親が子どもにしてあげることをサポートする。

その結果として子育てをしながら仕事を楽しめる状況を実現したいのです。

子どもに親の背中を見せないといけない

親が楽しみながら仕事をしている姿は重要です。

子どもは親の背中を見ているからです。

大人としては、子どもの成長にフォーカスしてしまいますが、逆に子どもは大人の背中を見て「あなたはどうなの？」と思っています（決して口にはしませんが）。

これは私がリックキッズのスタッフに伝えていることです。

新卒で面接に来る学生のなかには志望動機として「子どもの成長を手助けしたい」と言ってくることがよくあります。その心意気は素晴らしいですが、一方で「あなた自身はどうなの？」と私は心のなかで問いかけます。

子どもの立場からすれば、自分の人生を投げてしまったような大人に成長をサポートされたいとは思いません。

あなた自身に置き換えて考えてもらうとわかると思いますが、仕事を教えてくれる先輩が自分の人生を投げていて、会社に愛着が持てないような人だったら「あなたに教育される私って……」と思うはずです。

子どもにとっては、人生をあきらめず成長を継続している人にサポートをしてもらいたいものです。成長とは「できなかったことが、できるようになること」です。

去年できなかったことが、今年できるようになっていれば成長の証しです。

去年よりも今年のほうが、人生の可能性が広がっていれば成長の証しです。

大人の成長の9割は「仕事」を通じてでないとできません。

見識や知識を増やすこと、精神的に懐が深い人間になること、新しい何かにチャレンジして何かしらの結果を出すこと……内容はさまざまだとは思いますが、こういったことを通して大人は成長します。

さらに仕事では対外的に評価されたり、叱責を受けることもあります。

そのなかで自分の頭で考えながら、努力をしながら、誰かに助けてもらいながら行動しなければいけないのが仕事です。

かつ、そこに「楽しみ」**を見いだしてチャレンジを続け、できなかったことができるようになったり、可能性が広がってより大きな仕事を任せられるようになることが大人としての成長**です。

私は成長を考えるときに「大人」「子ども」の区分けをしたくありません。

「子どもだから夢がある」「子どもだから成長できる」の文脈は大嫌いです。関係ないからです。

確かに大人に比べると子どものほうが〝伸びしろ〟はあると思います。時間も大人に比べると、自由に使えることが多いのでリソースを投入しやすいでしょう。

しかし、**伸びしろの「ある／なし」を決めているのは誰か？　本人です。**

「成長」の権限を子どもだけに特化させて、夢や可能性を託そうとするのではなく大人も楽しみながら仕事をし、その生きざまを子どもたちに背中で見せつけてもらいたいのです。

「子どもに胸を張れる大人」になろう

「子どもは親の背中を見ている」とお伝えしました。

あなたは子どもに対して胸を張れていますか？


私の話をすると、父は中小企業に勤めるサラリーマンでしたが、特に仕事が楽しそうには見えませんでした。

平日は6時に家を出て、19時に帰ってきて、仕事の話を聞いていた訳ではなかったので「仕事って面白いのかな？」と思っていました。

もちろん、私をここまで育ててくれたわけですから感謝をしています。

しかし、まだ小学生だった私からすると、友達の父親のほうが楽しそうに見えました。彼の父親は自営業で倉庫業をしていました。

具体的な仕事が何なのかは当時の私にはわかりませんでしたが、それでも羽振りがよく自由気ままでモチベーション高く仕事をしているように見えました。

私の父と友達の父親は性格も違いますし仕事も違いました。ですから、仕事の業種や性格でよしあしを決めつけるようなことはしません。

しかし、私自身が大人となった今思うのは子どもに「楽しそう」と思わせるのも大人の役割のひとつであることです。

●子どもの「遊び」に本気でつき合える大人とは？

再び面接の話に戻ると、志望動機のなかに「子どもの夢を応援してあげたい」があったりします。私がそこで「ではあなたの夢は何ですか？」と質問すると具体的な返事がないことがあります。

大学3年生から4年生（21歳から22歳）くらいならやろうと思えばいくらでもできるはずです。にもかかわらず夢がなく、志望動機は「子どもの夢を応援したい」なのです。

そういうときに私は「そうじゃないからね」と伝えます。

リックキッズのやっていることは飾りつけの言葉をすべて外せば「遊び」です。私たちはそれに本気でつき合うのが仕事です。

「子育てを遊びと一緒にするな！」

そんな声が聞こえてきそうですが、子育てであっても社会に出るまでの勉強期間は（犯罪などでもしない限り）現実に社会的責任を負わされることはありません。

そういう意味で今は「遊び」として話を進めさせてください。

子どもたちは社会に出るまでの間に「遊び」を通じて成功体験・失敗体験をします。
学童でも子育てでも大人はそれをサポートする立場です。

それならば、大人として全力で努力して背中を見せて、全力で尽くしてサポートをすることで、大人としての成功体験・失敗体験が得られると私は思います。

大人として成功体験ができれば自信につながります。失敗体験は次のチャレンジへの糧となります。その先に成長があります。

親としては子どもの成長が大事でしょう。

しかし、同時にあなたにも可能性があることを知ってください。

これを怠ると「自分がダメだったことを、子どもに託してかなえさせる親」「自分がダメだったから、子どももできないと思う親」になってしまいます。

どちらも子どもの可能性を閉ざすアプローチです。

そうではなく今一度あなた自身の振り返り、自分の可能性の扉を開く毎日を今日から送ってみてください。

あなたの背中を見た子どもも可能性全開の毎日を過ごしていることでしょう。

おわりに　大人の役割は「子どもの10年後」を創ること

最後まで読んでくださり、ありがとうございます。
本書でお伝えしたことを、箇条書きでまとめます。

・勉強は、つまらないものではない
・学習行動に、エンタメ要素を入れることが考え方の基本
・物事を「面白い」に、変換する脳内機能があると何事も楽しめる
・「学びと遊びを一致させること」は、大人がやるべきアプローチ
・「才能を開花させる」とは、自分の得意分野と好きなことを合致させること
・「楽しい」と思わせるには、感情の振れ幅（揺さぶり）が大事
・何に興味を持つかはわからないから、大人はたくさんのボールを投げる
・子どもの可能性を閉ざしているのは、大人の言動の可能性が高い

・人間の成長は紆余曲折。大人は口出しせず見守ることが必要
・子どもに胸を張り、背中で語れる大人として向き合う

ここまで読んでくださったあなたには、もうわかっているとは思いますが、本書は子どもの成長をテーマにしつつも、大人の「在り方」についても書いた本です。

なぜなら、大人は子どもを導く立場にあり、子どもの10年後を創るのが役割のひとつだからです。そして私たち大人もまた親や学校の先生や周囲の大人たちに導かれて成長し、今日を迎えています。

つまり私たちもこれまで関わってきた身近な大人たちによって10年後を創られてきたわけです。

そして現実に大人になり、人の親になり、もしかすると多くの子どもたちを教育する立場になり、今の子どもたちの10年後を創る役割を担っています。

本書でお伝えした内容は、あくまでもリックキッズが日々行っているアプローチを

ベースに、考え方や方法論を家庭でもできるようにアレンジしたものです。

同時に私たちが大切にしている「視点」もこめました。

それは「子どもたちの未来を創る」の視点です。

研究の世界には「基礎研究」という分野があります。

平たく言ってしまうと「商業的な利益よりも、知識欲や好奇心によって行われる科学研究」のことです。時間はかかりますが、長期的に見ると商業的利益や応用研究の基礎にもなる、とても重要な研究分野です。

子どもの成長を見守る第一線の現場にいることは、基礎研究に似ています。

子どもたちに働きかけたことは、今すぐではなく10年後に結果の出る可能性があります。そして未来は今の子どもたちが創り、大人はその恩恵を受けて生きていくことになります。

この「創造と恩恵の連鎖」が人生なのかもしれません。

私たちは今、その一地点に立っています。

前を見れば先人たちがいて、後ろを振り返れば子どもたちがいます。子どもの頃の私たちが先人たちを見てきたように子どもたちは私たちを見ています。

そのイメージをもって、本書を読んだことをきっかけに「大人としての在り方」を振り返ってもらいたいと思います。あなたが人生を「楽しそう」に生きている姿を見て子どもたちも自分の人生を「楽しいもの」にしようと努力するからです。

森本　潤

森本潤（もりもと じゅん）

民間学童教室「リックキッズ」代表
1977年、大阪市生まれ。東証一部上場のコンサルティング会社を退職後、リックキッズの代表に就任。「民間学童という社会インフラをつくる」をビジョンに新規事業支援やFC展開の経験を生かして22教室まで増やす（2023年2月現在）。「子どもたちを楽しませる世界一」「保護者の利便性において世界一」を戦略に掲げるリックキッズは「学び」と「遊び」を一致させるアプローチで多くの保護者から支持を集めている。
リックキッズホームページ　https://www.lickids.jp/

63ページでご紹介した「歴代総理大臣」「元素記号」の資料（リックキッズで使用している）のQRコードはこちらです。
※資料は作成時のものです

歴代総理大臣

元素記号

装丁・本文フォーマット／吉村朋子
編集協力／天才工場　吉田浩／廣田祥吾／潮凪洋介
編集担当／三宅川修慶（春陽堂書店）

「夢中《むちゅう》で遊《あそ》ばせる！」
子《こ》どもの才能《さいのう》が見《み》つかる たったひとつのスイッチ

2023年4月24日　初版第1刷発行

著　者／森本潤《もりもとじゅん》
発行者／伊藤良則
発行所／株式会社春陽堂書店
〒104-0061　東京都中央区銀座3丁目10-9　KEC銀座ビル
電話 03-6264-0855（代表）
印刷所／ラン印刷社

ISBN 978-4-394-38004-7